Feuertanz der Poesie

Almanach

Gerard J. Dürschke
Eckhard Erxleben
Klaus Kayser
Johanna Klara Kuppe
Eva Meloun
Cordula Scheel
Matthias Stark
Helga Thomas
Willi Volka
Georg Walz
Renate Weidauer
Marcella Zulla
Gaby G. Blattl

edition Musagetes, Wien

Die Deutsche Nationalbibliothek verzeichnet diese Publikation in der Deutschen Nationalbibliografie: detaillierte bibliografische Daten sind im Internet über http://dnb.de abrufbar

FEUERTANZ DER POESIE
Almanach von Autoren der Interessengemeinschaft deutschsprachiger Autoren e.V. (IGdA)
Alle Rechte bei Autoren und bildenden Künstlern
Herausgeber: IGdA
Lektorat und Layout: Gaby G. Blattl
Umschlag: Eva Meloun
Grafiken: Josephine Dürschke-Lipinski
edition Musagetes, Wien - 2015
Druck und Herstellung: BoD – Book in Demand, Norderstedt
ISBN 978-3-9503628-3-1

Eckhard Erxleben

feuertanz der poesie

wie ein schamane
die füße im staub
die stirn am himmel
ertanzt er sich worte
im taumelden kreisen
ergreift er das feuer
spricht mit den geistern
und trägt es hinauf
im feuertanz sterbend
im luftarmen raum
die flammen verlöschen
und wortleer fallend
sinkt der schamane
wie asche zu asche
und singt nicht mehr
im taumelnden kreisen
aus flackernder glut
ergreift ihn sein feuer
und trägt ihn dorthin
wo er noch nie war

Gerard J. Duerschke

DIE WAHRHEIT DER WORTE

an Ludwig Wittgenstein

Wegmarke auf dem Wege des Denkens
die Sprache ein Schlüssel zur Wirklichkeit

der Gebrauch klärt die Wahrheit der Worte
das Wesen des Menschen ist sein Sein

das Bedenken des Seins ist der Denkweg
das Wesen im Sinn der Sprache erkennen

der Weg zum Sein ist der Weg vom Sein
die Kehre im Weg zum Ursprung der Sprache

Sprache ein System von unendlichen Zeichen
jeder Vers ein Sprachspiel der Wirklichkeit

Wörter Bausteine der Gedankenarchitektur
Erkenntnis das Leben in der Form des Lebens

die Grenzen der Sprache die Grenzen des Ichs
das Wort verstehen heißt sich selbst Erkennen

aus dem inneren Ursprung sinnstiftend heraus
ist die Zeitlichkeit das Sein zum anderen Ufer

die Welt der Dinge ein Element der Schönheit
Geister schwebend in der Welt suchen Auswege

Baumzeit

Die Baumzeit ist ein Lebensroman
Vom Aufbegehren und Widerstand
Vom Lebensmut und Lebensdrang
Und mitten drin der Riss des Sturms
Der Kahlschlag des eisernen Windes
Ein auf und ab der Lebenszeitenskala

Und sie reden doch, die grünen Bäume
Die Jahresbaumringe der Vergangenheit
Zarte Blätter efemere Dinge der Natur
Das Ende, letztlich die Vergänglichkeit
In den Dingen der Anfang vorgelesen
Der Geist des Baumes in der Tastatur

Der Geist der Natur im Geist des Baumes
Überall ragen Baumstämme hoch empor
Durch die Bäume den Himmel erkennen
Ein Werk ohne Worte der Schlüssel zur Welt
Feine Verästelungen und Flächenfüllungen
Das Leben inmitten der Wucherungen stellt

Verästelungen bestimmen die freien Regeln
Im Pantheon des höheren Daseins hindurch
Die Poethologie der Lebensfragmentierung
Leerstellen der Freiräume ein Mythos der Natur
Geprägt durch die Auflösung der Verzweigungen
Die Gleichung von den Dingen als Regelwerk

Die Natur als alleiniger Grund von Dichtung
Auf Umwegen der Verlust von der Ordnung
In Bindungen gewinkelt von Transfigurationen
Die Poethologie der Baumzeit in den Ästen.

Das Lied der Erde

Im interstellaren Urnebel der Idee des Niemandslandes
ein Überlebenskonzept für programmierte Kraftkomplexe
im Spiegelbild der schöpferischen Vielfalt der Sinnfrage
in der Ur-Anima der formgebenden Materie der Erde
ist der Dichter der Formgeber der geistigen Offenbarung
der formoffene Sinn der Vollendung im Ursprung der Welt

In der luftigen Aura der schöpferisch bewegenden Winde
die Frühlingswonne das Symbol des Seienden im Raum
der irdischen Werdeform im Lebensfluss der Lebensform
mit dem Neubeginn der Schöpferkraft der Sinnerfahrung
die Erde der Raum der atmend bewegenden Formen
und im Urbild des Himmels die Fülle aller Lebensformen

Das Du und Ich gebiert das Verlangen nach inniger Liebe
Zeit Materie Raum Energie im Zeitfluß der Zeit gebunden
die treibende Kraft der Begierde als Wegweiser im Sein
im schwingungsempfindlichen Gegenüber der Liebe
die Werdeformen mit dem Odem der ewigen Wandlung
das schöpferische erschafft durch sein Nichtsein das Sein

Josephine Dürschke-Lipinski

Gute Nacht

Liebe unter alten Linden
Wollust dann sanfte Ruhe
Unschuld der Berechnung
Lust am vollbrachten Fehler
Befreiendes nach oben Fallen
Suche nach der Erfindung
Der eigenen Revolution
Die innere Kopfgeburt
Das unbekannte Wesen
In zerklüfteter Landschaft
Gute Nacht in der Brandung

Aus der Zeit fallen

Körper, Raum und Zeit am Anfang
Fallen in eine Echozone am Ende
Irgendwo schwerelos nach Nirgendwo
Alles hat seine bewegende Zeit
Gründe entfesseln Gegengründe
Abgekoppelt vom Ende der Zeit
Eine Minute zum falschen Zeitpunkt
Um Jahre altern außerhalb der Zeit
In der Erinnerung geht die Zeit verloren
Bis in die letzten Stunden des letzten Tages
Bleibt die Zeit für immer stehen
Was anfangen mit den Gedanken
Die in letzter Minute aus der Zeit fallen
In Erinnerung an jene Zeit behalten ?

Garten Eden

Im verborgenen Garten blüht
der Alltag mit seinem Grauen
aussichtslos soweit das Auge reicht
wo der Süden endet der Norden beginnt
Jenseits des Garten Eden.

Von der unheimlichen Ahnung erfüllt
in anschwellender Gefahr
und in der letzten Seelenfalte
die Polyphonie der Untertöne
im Geheimgang der Schlingen.

Im Höhenflug, in Halbtrauer der Torheit
irrational im Kopf und Herzen
die androgyne Wolke des Kunstwerks
Schreiben trotz nacktem Verbot
wehmütig die trägen Worte auf Zeit.

Die Wiederkehr des Vergangenen
im Reich des schwarzen Lichts
am Endpunkt mit flammender Sorge
die eigene Macht des Wortes
das Totenbrod im Garten Eden.

Steinerne Dämone

Schreiben bedeutet auf eine
andere Art zu fühlen
die Verkrustungen überwinden
mit einfacher Sprache
Neues bauen auf Trümmern
die Verzweiflung besiegen
aus dem Widerspruch der Widersprüche
die Tragfähigkeit der Wörter finden.

Das Hören und Sehen der Schreie
im Spannungsraum von Dunkel und Licht
die Polyphomie der Dichtung
wie steinerne Dämone im Garten
die Idealform der Zerstörung preisgeben
ein neues Universum entwerfen
aus Messfiguren in Glashäusern
in Gedenksteinen der Zeiten.

Im zeitlichen Schwerpunkt
den Sinn des Schönen bilden
in den Arsenalen der Erinnerung
im kollektiven Gedächtnis
Sinn und Deutung der Allegorie
die Verwandlung im Bild
und die Trauer der Vollendung
im Schatten der Geschichte.

Zwischen Schöpfung und Zerstörung
Dämonen in stillstehender Zeit.

Flammenzeichen

Die Geister der Vergangenheit
verwechseln die Wirklichkeit
Im Bachbett auf Kieselsteinen
unter Blätterdächern die Schlüsselfrage
vom Anfang der Weisheit
der Endzweigung von Geist und Natur
die Erdausschüttung nach der Tat
das Ende der Utopie in Weiß
im Tagebuch der Sehnsucht

Liebe als Stoff gegen das Grauen
im Ausnahmezustand der Bedrohung
heraus aus dem Dunkel der Zeit
Flammenzeichen der Vergangenheit
die menschliche Hand als Bindung
zwischen Natur und Schöpfung
auf der Suche nach dem richtigen Bild
ein Zeichen für das andere Verbrechen
die Geister der Vergangenheit

Hat unsere Flucht kein Ende
Ratlos im Raum das Spiel der Opfer
am Beginn der Himmelsruine
im bösen Traum der Bedrohung
Flammenzeichen der Gegenwart
in Reichweite der Ernüchterung
Flammenzeichen der Verzweiflung
im Spaltklang das Unglück der Kriege
das Gras lautlos schreien hören
zur Verklärung kein Vollmond

Josephine Düschke-Lipinski

Es wird Zeit

Es wird Zeit das alle dasselbe tun
Hand in Hand für das tote Land
Die stummen Götter der neuen Zeit
Auf wankenden Steinfundamenten
Die Logik der Nachträglichkeit
Der Wissensexplosion trotz alledem
Das Denken in großen Räumen
Aufgeweckt im Schicksalshaus
Das Transplantat der Zwischenlösung
Irgend etwas geschieht in der Falle
Was erstarrt in Schicksalsköpfen

Erkenne die Lage vor dem Ende
Der Verklärung erschöpfender Schwere
Gegen den gefrorenen Eishimmel
Die Verwaltete Welt verloren im Farbfilter
Unterwandert vom Leichtgewicht
Auch wenn Steine sprechen lernen
Ist der Albtraum noch nicht vorbei

Das Gipfeltreffen und die Umarmung
Der Toten auf der Insel der Stille und
Die Schmerzen über das Grab hinaus
Fundstücke der ewigen Trümmerarbeit
Die Entsorgung der Vergangenheit
Im Stande des Zweifels der treuen Augen
Zu spät um das Richtige im Falschen
In den Fesseln der Sprache zu entdecken
Neue Wächter braucht das Land.

Eckhard Erxleben

Die zweite Wende

Damals schaute ich auf
mein bewegtes Land
mit den gleichen Augen.
Gleich sind die Augen nicht.
„Nicht abwenden!
Lieber hinwenden!
Zu mir selbst allerdings,
dem fast Verlorenen. So
nicht mehr verwenden lassen
und niemand verwenden.
Weg mit den Wänden
aus Angst gemauert."

Doch heute starre ich
auf mein bewegungsloses Land,
das selbstvergessene, das
erinnerungslose, das sich
im Spiegelbild erblassend
ängstlich selbst verliert.

Dann aber mit Dir der Blick durch
das Schlüsselloch der Geschichte,
denn da drinnen proben schon
ein paar Leute wie Du und ich
ein neues Lied, ein neues Stück.

September 2015

Berlin

wie immer
höre ich
soll es hier sein
wie immer
höre ich
das gras wachsen
diesmal
am potsdamer platz
wächst bald
kein gras
mehr meine sehnsucht
wächst hier
in den arkaden bei
fancy oolong tee
halb fermentiert
ein idealer abendtee
und lausche
dem stimmengewirr
beim turmbau zu berlin
und bitte das gras
langsam zu wachsen
durch jeglichen beton
dass nicht alles
zerfalle
vor der zeit

genealogie

lass bloß die toten
nicht ruhen und
such ihre spuren
auch schatten und
lass sie nicht
schweigen im nichts

sie sind nicht
verschwunden im
schlund der geschichte
in den sie gestürzt

haben gene zu dir
durch kälte und
kriege getragen
gesät und geerntet
und heimwärts gefahren

lass bloß die toten
nicht ruhen und
rede sie an
mit namen dass
keiner verloren bleibt

lass bloß die toten
ruhen lebendig
in denen die nach
dir kommen dass
eins sich im
andren erkennt

Das Alter

Die guten Alten
werden immer
unhörbarer.
Die Lippen
singen noch,
doch niemand
hört sie mehr.

Sie stehen still
im Irgendwo,
doch gehen langsam
von sich fort.

Sie sehen weit
ins Nirgendwo
und wollen
nicht dorthin.

Sie hören schon
das Nimmermehr
und hoffen,
glauben doch.

Die guten Alten
werden immer
unsichtbarer.
Wir sehen schon
durch sie hindurch
und sehen uns
im unsichtbaren Sein.

Baumzeit

Einst schwebte ruhig kreisend
im Weltraum weiblich gerundet
unser träumender Erdenplanet.
Doch phallusgleich traf
jener Meteorit, ließ Saurier sterben
im gelben Nebel.
Dem ähnelnd nachgemacht wie
geil-teuflische Orgasmen
unfruchtbar und blutig kalt
die Rauchpilze der Menschenkriege.
Dazu gieriges Wühlen nach
Reichtum im weichen Schoß
unserer trauernden Mutter Erde.
Ihre Wälder werden erschlagen,
sterben stöhnend ungehört.
Der keusche Ozonschleier
längst zerrissen und
wollüstig werden Kanäle sadistisch
in die Mutterhaut gekratzt
und lebende Flüsse eingemauert.
Doch die aggressive Kraft,
so glaube ich,
erlahmt eines Tages
an sich selbst
und starrt mit eitrigen Augen
erschöpft ins Nichts.

Voll unbändiger Sanftmut aber
sind dann die Wälder
auf ihrem unaufhaltsamen Vormarsch.
Drängen aus den Tälern
in die übermüdeten Städte,
Wurzeln zersprengen die Asphaltkruste,
grüne Eichen drücken knirschend
gegen die Glaspaläste,
Efeu würgt den grauen Beton.
Und wenn endlich
die Sprachlosigkeit der Steine verstummt,
verweht der gelbe Nebel
und das Herz des Waldes
schlägt wieder in den Menschenstädten.
Ruhig atmend streicheln
die Bewohner sich und die Bäume,
die mit ihnen verwandt sind,
und Mutter Erde schwebt
als lebender Planet,
weiblich gerundete Menschenheimat
von Lichtjahr zu Lichtjahr.

06.02.1997

moderne madonna

barfuß stehst du
in weicher haut
vor ihm
dem spiegel
und er
betrachtet dich
sieht deine
braune hand
mit den silbernen ringen
auf deinem bauch
wie sie sich
hebt und senkt
beim atmen
der haut
der bauchdecke folgend
und dann siehst du
dich im spiegel
ewig heiliges bild
das kind
in deinen händen
wie in weichen schalen
der kopf
und der rücken
und es räkelt
und biegt sich
ausprobierend
ausbalancierend
die pole dieser welt
auf seine art

alter straßenmusikant

sein vater
wie ein wolf
heult grollend
noch in ihm
die mutter blieb
ein rotkehlchen
und zwitschert
vor sich hin
sein bauch
des wolfes höhle
der kopf
des vogels nest
sein lied
steigt auf
schwingt giebelhoch
und flattert himmelan
es wird wohl
noch vor ihm
von dannen mit
den wolken ziehn

riesenvermächtnis

dort sitzt er
im abendrot
der riese retour
die füße im tal
ächzend gelehnt
an das grenzgebirge
sein arm ruht
auf einer linde
tausendjährig
aus seinen stiefeln
wachsen eichen
armdicker efeu
umschlingt seinen leib
wacholder wächst
aus der jacke
im brusthaar
weidet nachtgetier
schlangen schlängeln sich
um seine ohren
die zähne
wie grabsteine
groß und grau
finster der blick
unter augenbrauen
aus dorngestrüpp

und sein atem
betäubt die kreisenden
adler mit modergeruch
doch lachend
wie donnergrollen
reicht er mir
seine hand
langsam öffnend
drei mäuse zum spielen
wie wölfe groß

die alte kiefer
am schorstedter silberberg
so still ist es hier

in der holztruhe
das abgelegte spielzeug
riecht noch nach kindheit

am dorfrand sandgelb
die schienen längst abgebaut
der alte bahndamm

hinter dem schälpflug
stolziert im schwarzen talar
ein rabenvogel

großvaters holzklotz
mit der hand zerbrösele ich
was einst so hart war

haus am kiekende
doch unter der schneedecke
wispert die kindheit

Josephine Dürschke-Lipinski

Klaus Kayser

Arabische Revolution

Facebook ruft sie zusammen.
Die Zukunft ist düster und grau.
Nichts deutet auf wütende Flammen.
Noch strahlt der Himmel in Blau.

Noch drängen die Autos in Straßen.
Laut stöhnt und stockt der Verkehr.
Greise und Kinder, gleichermaßen
Frauen eilen geschäftig umher.

Langsam verdunkelt ein Schatten
Die staubig ätzende Luft.
Sie, die Facebook getwittert hatten
Allah zum Kampf und für Freiheit ruft.

Sie kommen, vereinzelt, dann Gruppen
Dann Scharen, Vogelschwärmen gleich.
Sie tragen hölzerne, brennbare Puppen

Fordern laut ihr grünes, ihr gläubiges Reich:

Stürzt das korrupte, verhaßte Regime!
Treibt seine Schergen in die Wüste hinaus!
Wir dienen nur Allah, seinen Mullahs, nur ihm
Bauen wir das neue, das Scharia Haus!

Inschallah, wie Allah will!
Wir aber wollen, wir fordern mehr!
Wir brennen, wir morden, wir halten nicht still!
Wir sind das himmlische Terrorheer!

Die Reichen, sie zittern, wir holen sie ein,
Greise und Kinder, das ist uns gleich!
Sieh Allah, der mordende Feuerschein
Gründet für dich dein heiliges Reich.

Der glorreiche Westen, er zittert, er bangt.
Angst fackelt sein bleiches Gesicht!
Wir morden ihm alles, und während er schwankt
Hält Allah sein Teufel Scharia Gericht.

Unser Terror für Allah, unser Leben zählt nicht!
Mordet die Teufel wo immer sie sind!
Treibt sie aus Allahs mildem Gesicht!
Zum Teufel mit Greis, Mutter, Tochter und Kind!

Flüchtlingslied

Kahn, Gewehr und Wüstensand
Begannen sich zu hassen.
Nicht halfen Gott oder Verstand
Nicht die reiche Segenshand,
Friedensdemomassen.

Kahn, Gewehr und Wüstensand
Erlagen Gräuelhorden.
Terror und Hass und Teufelshand
Setzten Hütte, Haus in Brand
Ließen jeden auf dem Land
Quälen und ermorden.

Kahn, Gewehr und Wüstensand
Beschlossen Kind zu retten.
Bezahlten mit der Schlepperhand
An geheimem Meeresstrand
Unerwünscht und unerkannt
Überfahrt in Ketten.

Kahn, Gewehr und Wüstensand,
Sie Konnten nur noch winken.
Dann rissen Stürme wutentbrannt
Kind aus Boot und Schlepperhand
In den tiefen Meeressand.
Kind musste ertrinken.

Appell an einen Asylanten

Junger Mann
Halte an

Feige fortzulaufen
Vor dem Schariahhaufen

Angstvoll zuzulassen
Schlachten, Morden, Hassen

Der grünen Mörderhand
In deinem Heimatland!

Sei tapfer, nimm dir Mut!
Sei der, der gutes tut!

Rede des Schleppers vor dem UN Tribunal

Ihr klagt mich des Verbrechens an
Den Flüchtling grausam zu ertränken.
Kinder, Frauen, Kahn und Mann
Boshaft in Wellen zu versenken.

Ich sage Euch, das ist wohl wahr!
Ich schiffe Elende, die leiden!
Nicht ich bin es, der das gebar!
Nicht ich kann das vermeiden!

Ist es nicht so, daß Eure Hand
Mit Feuerbomben wild zerstörte
Was einst als ruhig Heimatland
Den Elenden gehörte?

Ihr! Habt ihr nicht, ganz ungeniert
Hass zu den Elenden getragen?
Damit dort eben das passiert
Was als Vorwurf und verschlagen

Ihr laut in meine Seele schreit
Sei unerhörtes Mordverbrechen!
Ich war doch nur und bin bereit
Dort in Meer und See zu stechen

Wo Eure Grenze brüchig ist
Wo Flüchtende geduldig warten
Mit etwas Glück und meiner List
In den Wohlstand zu geraten.

Gebt mir ein Schiff, den sichren Kahn!
Ich schwöre: Niemand wird ertrinken!
Laßt ab von Eurem wirren Wahn
Mit Haft und Strafe mir zu winken

Der sich vor Euch verstecken muß
Um die in Eure Welt zu führen,
Die Ihr mit dem Willkommensgruß
so zärtlich tätschelnd tut berühren!

Auch ich bin Mensch, ich habe Mut!
Ich trage ein Gewissen!
Sei mir, der Elend Gutes tut,
das Herz heraus gerissen?

Ich bin wie Ihr, giere nach Geld
Der Elenden, die fliehen.
Ist meine nicht auch Eure Welt?
Gehört mir nicht verziehen?

Land in Flammen – Herbst 2015

Land in Flammen, sodann:
Wann kommt der Tyrann
Das Land zu retten?
Legt streng in Ketten
Die heilige Kuh
Zur ordnenden Ruh?

Eure heilige Kuh
Scheißt Euch die Augen zu.
Lädt ihm zum Tanzen ein
In braunen Feuerschein!

Ihr denkt, Ihr seid allmächtig
Und Eure Kuh sei trächtig?
Doch blind vor Mitleidsgier
Frisst Sie Euch auf, das Tier!

Wie das Trojanerpferd
Das einst streng begehrt
Trojas Stadt zerstörte.
Niemand die Schreie hörte,
Die Kassandra rief,
Da man träumend schlief.

Das böse und das gute Nichts

Sagte mir das gute Nichts
Tut gut, jetzt nichts zu tun.
Sagte mir das böse Nichts
Es gibt nichts auszuruhn

Tust du nichts im guten Nichts,
Dann lebt das Gute fort in dir.
Ruhst du nicht im guten Nichts,
Lebst du als böses Nichtstutier.

Im Bösen gibt es niemals Ruh
Die dich zum Guten lenkt.
Das Böse schaut stets lächelnd zu.
Das Gute angstvoll denkt,

Wie konnte ich, das gute Nichts
Dir raten, auszuruhn.
Sagt dir nicht das böse Nichts
Es gibt noch viel zu tun!

Dialog mit einem indischen Bettler

Herr, meine Hand
Hält nichts, Ist leer!
Der Hunger, Herr, wiegt bitterschwer!
Nimm Herz, Verstand
In deine Hand.
In meine Hand
Gib Brot, mein Herr!

Stein, Kot, Papier,
die Läuse, Dreck
Sind meine Heimat, Lebenszweck!
Ich hause hier
Am Straßenrand
Im Hungerland.
Herr, schau nicht weg!

Ich sehe dich!
Du Bettelmann.
Dein Hunger lockt die Boa an.
Erwürgt für sich
Den Bettelcent,
Die niemand kennt
Nicht du und ich.

Ernähre ich
Dein Bettelhaus
Die Mafia, sie quetscht dich aus.
Lacht über mich,
den Euroheld.
Mein Mitleidsgeld
Erreicht nicht dich!

Herr, laß mich dir sagen:
in diesen Straßen, diesen Tagen
sind Maffia und Schlepperbanden
weit und fern, hier nicht vorhanden.
Wir sind zu arm um auf zu stehen
Um Gunst im Westen zu erflehen
Um dort für Hilfe nach zu fragen.

Herr, Brot gib mir!
Hier und sofort!
Ich kann nicht zu jenem Ort!
Wo jedem Tier,
Mensch in Gefahr,
Betrügern gar
Hilft die Wohlstandmitleidsgier!

Johanna Klara Kuppe

marktangebot

orangen im kopf kilo
weise auch kirschen auch
datteln lauter süße
träume oft über kohl
      köpfe gestolpert stachel
beeren die augen lichtgrün
manchmal sehen sie klar
eine (kleine) rübe die
nase rot besonders bei
hitze und
      ärger damals
stachen spitze hagebutten
dornenfinger neugierig löcher
in verpackungen (auch
heute noch manchmal)
vorwitzig
das aprikosenkinn

das fleisch? ja das fleisch
halb störrischer esel halb
springende ziege (ab und an
fern ein marienkäfer auf
gänseblume)

stadt an der wupper 2

fahlrot geschminkt das gesicht
überm stockfleckenkleid
die rauhen hände gegerbt
von der arbeit im fluß

saugt der mond bitterwasser
in hinterhöfen rosten rosen
vom kirchturm der wetterhahn hängt

gefangen zwischen hügeln
träumst du von kleinen fluchten
weitem wolkenufer und
sternen gewoben für dich

du nahmst meine
hand närrisch wilde
worte flüsterten wir

wussten

später sagen wir oft
gleichzeitig das
gleiche

für p.

du im flur
blick grünspan einsamkeit ich
spinne angstfäden die friedhöfe
meiner kindheit schwarz nicht
grün - so lonely beide - irgendwann
sagst du „später. später
werden wir sterne weben, sind
wir
wegelagerer des lichts"
ich verstand nicht

heute weiß ich
da bist du überall
da

friedhof

schwarz, sagen sie, schwarz
ist die straße der toten

sie sagen schwarz, schwarz
sei es unter der wiese ich

halte es lieber mit jandl
wiesen, sage ich, grün wald

sage ich, waldgrün und
weite (neue) wege noch immer

kein letzter rest der
kirschkern: eigene
welt winzig
groß
kobold für runzlige
poesie - bleibt
er selbst selbst
ausgespuckt was
kümmert es ihn
treibt
neu

LETZTES BILD
(f. Christine)

malst in
tief violetten sonnen
kreisen am grund
schält sich aus der
puppe licht
grün der falter

fächer

diener sein
immer in händen
gefangen
geschlagen
abgesang für den
wind

schmerzen im
rippengang
geträumte
getäuschte
wünsche vom
fliegen

der finstere
ostwind
wegelagerer
unter eis
kristallen
bricht
weidenhaar
knirscht
der blaue
planet ver
glüht der
mond

im
steinschlag
auf kahlen
feldern
sensengesang

Josephine Dürschke-Lipinski

hotzenwaldsommer

du auf einem holzstoß sitzend
nichts bleibt nichts
zu erinnern
schwarz bluten
die wolken zerstochen
vom flügelschlag der krähen

am hang rutscht die
erde überm kahl
schlag schwankt der mond
schweigen die vögel
du sahst keinen weinen? - warte
es wird schlimmer als alles

* Titel
   du auf einem holzstoß sitzend
   es wird schlimmer als alles
   = Marie Luise Kaschnitz „Hotzenwaldsommer"

Eva Meloun

An Kybele

Steig herab in das Bergende der Täler,
in das wärmende Dunkel der Erde.
Hier toben nicht eisige Stürme,
noch blendet die gleißende Sonne.

Versinkend im Gras,
bedeckt dann mit Schnee,
erwachst Du im März.

Als wär es eine Schattenwelt vor Deinen Augen

Denn anders als du wolltest,
Grell durch Blitze durchzuckt,
verdunkelt durch Schatten
Schwanken die Bilder, die Zeichen,

Nicht fassbar verloren im Raum
verhallt das Gesagte im vielstimmigen Chor.
Verzerrt das Laute, das Leise.

Nicht wachend, nicht schlafend
Versäumst du das Leben.
Versäumst du den Traum.

Die uralte Zeit

Vergraben die alten Götter im Sand
weht die Zeit den Staub über die Wüsten, über die
Steine.

Sie hat das Gestern gesehen, sie kennt das Morgen.

Aber weit draußen im Wald
Unter den dichten Tannen hörst du sie,
die Stimmen, leis wehend, wie Schatten
grün, blau und dunkel.
wie die Seufzer der träumenden Vögel im Schlaf.

Was zieht dich, an silberne Fäden gebunden,
Hinein in das Dunkel des Waldes?
Das Flüstern, das Rauschen?
Der Sturm in den Wipfeln?
Das Pochen im Herzen
Als kämst du nach Haus?

Die uralte Zeit.

Der Hüter der Glut

Unter schwarzer Asche verborgen
Schläfst du.
Du, ein rot glühender Funke
Ein Stück Glut
Leis seufzend
bereit zu verlöschen.

Die dunklen Flügel ausbreitend
Wacht er, der Hüter der Glut.
Sein schwarzer Mantel
Aus Kohle und Rauch gewebt
Bedeckt dein rot zitterndes Leuchten
Damit du nicht frierst.

Leis küsst er den roten Mund.
Dich wärmend, dich liebend.
Lang darfst Du schlafen.

Der Hüter der Glut

Im Dunkel der Nacht hastete ich unruhig, gepeinigt von quälenden Gedanken über die steinigen Felder, den aufloderten Feuern am Horizont entgegen.
Da traf ich ihn. Ihn, von dem ich geglaubt hatte, dass es ihn nicht gäbe. Doch plötzlich stand er vor mir. Riesengroß. Im grauen Rauch zitterten seine schwarzen zart, durchbrochenen Flügel.
„Gib acht" hauchte er, „dass du die Glut nicht zertrittst".
Ich machte einen Schritt vorwärts und stieß mit dem Absatz in die schwach rot leuchtende Glut. Funken sprangen auf und verglühten. Dann hastete ich weiter. Hastete weiter, die kalte Asche an den Schuhen Hinter mir nur mehr die Schwärze der Nacht… Was habe ich getan?

Eva Meloun: Der Hüter der Glut

Cordula Scheel

Offen das Meer uns

An manchen Tagen
brauchen wir das Meer
um die Gezeiten
zu achten und
den Flug der Möwen
wieder zu finden
wenn der Sturmwind
sie weit über Land jagt

An manchen Tagen
brauchen wir
das Meer um leicht
zu werden vor
der Unendlichkeit
und unsere Seele
zu achten die unbeirrt
ihren Sternenkurs fährt

Auf Augenhöhe

der Honig des Sommers
die Farbe des Stoppelfelds
Spätsommerwärme –
eine Schnitzelspur der Bilder

Wie viele Schritte brauche ich
um Fuß zu fassen? Du hörst
den Klang der Dinge lautlos
unser Zwiegespräch im
Unsichtbaren das Stundenglas

Nah bist du und fern
meine Gedanken erlernen
die Einheit am Grund aller
Stunden
Neben mir sitzt unser Hund
er wartet immer auf dich

Ich umfasse seinen Kopf
unverwandt sieht er mich an
in seinem alten Blick ruht
die Aussöhnung mit der Welt
Ich schließe die Augen

Und wenn

sie nicht gestorben sind
fließen sie noch heute
die Ströme der Ärmsten
unter Brücken
in Container
in die Häuser aus Papier

Stadt Land Fluss
sind nicht betroffen
hoffen
auf ein Wunder
so sind die Menschen
so geht das Märchen

Steine sammeln

Verzweifelt verlassen sie ihre Häuser
im Fluchtgepäck ihre Geschichte
die Gräber den abendlichen Sommerwind
fliehen auf Leben und Tod
vor Gewalt und Wahn

Woher soll es wiederkommen
das Vertrauen
wie lernten es trotz allem
einst die Kinder gezüchtigt gottgefällig
zu ihrem Seelenheil?

Lass uns ein Zeichen setzen
für unsere gemeinsame Zukunft
hoffen auf neues Zutrauen
in ausgestreckte Hände
die nicht zuschlagen

Lass uns Steine sammeln
sie aufhäufen die nicht geworfenen
im Namen der Liebe

Verpfändet unsere Zukunft

an skrupellose Macht
Gewalt brüllt sie nieder Völker und Erdteile
Und wir?
Wir dichten den Zaun ab gießen die Blumen
freuen uns an ihnen mit schlechtem Gewissen
Könnte ein Orakelspruch uns entlasten
wie in mythischer Zeit?

An dich halten wir uns im Zwischenreich
Kassandra dein Wort reichte weit aber
rückwärts gewandt segelt dein Schiff
im Nebel deiner Prophezeiungen
deine Augen spiegeln den Untergang
Nein wir kehren zurück in die Gegenwart
wir wollen leben

die Geschichte der Menschen
nicht weiter schreiben mit unseren Blut
wir sind die vielköpfige Drachensaat leid
auf unseren umzäunten Feldern
wir sind viele du und ihr
Und wenn nicht zu einander
wohin sonst sollten wir gehen?

Sanfte Weite

Kaum trat sie in seine Welt, in dieses schöne Haus aus der Gründerzeit, war sie befangen. Sein Blick, freundlich und zugewandt, floss durch einen hindurch ins Weite. So kam es, dass sie den angekündigten Besuch bei ihm immer wieder verschob, dass ihr etwas dazwischenkam. Obwohl sie ihn sehr mochte oder gerade deshalb. Sein Haus voller Bücher, mit denen er lebte und arbeitete, sprach sie an, als käme sie zurück an einen Ort, den sie unbewusst in sich trug. Überall erinnerten Bilder an seine Frau, die Malerin. Auf der Kunstschule waren sie einander begegnet, zierlich und kapriziös war sie dennoch die lebenstüchtigere von beiden gewesen.

Nun also hatte sie ihn gebeten, ihr sein neues Buch zu signieren. Engel, das Thema hatte ihn seit langem beschäftigt. Er freute sich, als er sie am Telefon erkannte, dann hörte sie seine Stimme auf einmal wie von fern und zögernd: „Kommen Sie bald, am besten noch heute, morgen muss ich nach München fliegen - eine Operation." Sie wußte von seiner Krankheit und auch, dass er sich immer wieder erholt hatte. Wie durch ein Wunder. Woher sonst nahm er die Kraft?

Am Nachmittag fuhr sie zu ihm. Sie klingelte und war froh, im Haus seine schnellen Schritte zu hören, als er aus dem ersten Stock herunterkam. Wieder war sie befangen, ein Gefühl, das ihr eher fremd war. Sie folgte ihm die Treppe hinauf, die er leichtfüßig nahm. Auf dem Schreibtisch lag sein Buch mit der Widmung bereit. Als er es ihr reichte, hätte sie ihm gern gesagt, dass sie ihn sehr mochte. Dass sie alles hier mochte. Die Bilder und Bücher in den Zimmern und den Flur entlang, die Fächer voller Manuskripte, die Schränke mit dem Material für das, was noch werden sollte.

In der Küche sah sie unverrückt das weiße Klavier, als könne es nur dort an seinem Platz sein. Seine Frau hatte darauf gespielt und ein unvergesslicher Abend stand ihr vor Augen. Sie und ihr Mann, noch neu in der Nachbarschaft, waren zum Essen eingeladen, und im Duft der Bratkartoffeln spielte sie Mozart, um sich, nahezu greifbar, eine sanfte Weite.

Dann hatten sie um den Küchentisch herum gesessen, gelacht und erzählt. Von Freunden hörten sie, Schauspielern, mit denen sie das Kriegsende in der Heide erlebt hatten. Bedrohliche, unglaubliche Situationen hatten sie gemeinsam überstanden, als die Amerikaner mit ihren Panzern in den kleinen Ort gekommen waren. Geschichten, die nach all den Jahren ihren Schrecken verloren, Geschichten auch von heimlichen Schutzengeln.
Ich möchte gern", sagte er vor sich hin und doch nahe, „dass Sie an meinem nächsten Thema ein wenig mitarbeiten, würde Ihnen das Freude machen?" Er sah sie mit einem fast unsichtbar abwartenden Lächeln an. „Mein Verlag allerdings. Mein Verlag bittet mich um Geduld. Er hat finanzielle Sorgen, natürlich. Die Publikation wird sich verzögern. Nehmen wir uns also die Zeit?" Für einen Moment

war sein Gesicht voller Zuversicht. Er schwieg. Dann, nach einer kleinen Pause, sagte er leise: „Vorausgesetzt, ich komme zurück."

Sie legte ihre Hand auf seinen Arm, hätte ihm gern von ihrer Freude gesprochen, mehr als nur ‚danke' gesagt. Und so kam es, dass sie überhaupt nichts sagte.

Sie nahm das Buch und schaute auf den Einband, ohne ihn wahrzunehmen. „Auch das Exemplar für Ihre Freundin ist schon gekommen, früher als gedacht". Sie blickte auf und sah seine Erschöpfung. Länger wollte sie nicht bleiben.

Das zweite Buch konnte sie nicht gleich bezahlen. „Nehmen Sie es mit, natürlich, das Geld kann warten." Sie verabschiedete sich, wollte die Begegnung noch ein wenig nachklingen lassen. So wanderte sie gedankenverloren am Ufer mit den alten Bäumen entlang. Der Tag leuchtete, Sonne lag über der Alster und hüpfte um die vertäuten Segelboote. „Ich habe ihn heute zum letzten Mal gesehen", das wusste sie tief innen.

Später hörte sie, er sei nach gelungener Operation wieder in Hamburg, habe, Gott sei Dank, schon mit der Arbeit begonnen. Sie zögerte, wollte ihn nicht zu früh stören. Erst nach einigen Tagen rief sie an. Lange ließ sie das Telefon klingeln, niemand nahm ab. Natürlich musste das nichts zu bedeuten haben, trotzdem wuchs ihre Unruhe.

Am Nachmittag dann ging sie den vertrauten Weg
zu seinem Haus. Wieder lag Sonne in der Luft, Haus
und Garten leuchteten. Die Eingangstür war offen,
doch ein Gitter versperrte den Zugang. Sie klingelte, der Ton hallte im Haus wider, verstummte. Sie
lauschte und fühlte sich verloren. Niemand kam
mit leichtem Schritt die Treppe herab und ihr entgegen.

Ihr schien, das Haus atme nicht mehr. Habe sich
ausgedehnt in eine unsichtbare Weite. Vorsichtig
warf sie das Briefchen mit dem Geld durch die Git-
terstäbe, mit einem kaum wahrnehmbaren Laut fiel
es in die Stille.

Sie hätte ihm gern einen Engel auf seinen Weg ge-
wünscht, dass er ihn begleite und behüte. Doch die
Engel waren wohl schon lange um ihn. Sie gingen
seit Jahren tief in seinen Gedanken durch ihn hindurch, er hatte ihnen Raum gegeben.

Eva Meloun: Asche Diotima

Matthias Stark

Aus Posteas Tagebuch

I

Trotz allem, was passiert ist, bin ich endlich wieder am Meer. Es ist noch immer blau, so wie ich es in Erinnerung habe. Aber es ist nun tot. Seit dem Vorfall ist es ohne Leben. Und ich glaube, man sieht und fühlt es. Es ist ein totes Blau, es ist keine lebendige Gischt mehr. Keine Möwenrufe, kein Krähenschrei. Die Brandung erfüllt die Luft, und mit ihr kommt die Erinnerung an andere Zeiten.

II

Die Sonne schien morgens mit violetten Strahlen in mein Zimmer. Ich habe unruhig geschlafen, wie immer in der ersten Nacht in der Fremde. Ich träumte von den Möwen, ich hörte sie im Schlaf nach mir rufen.

Heute war ich im Dorf. Die Feriengäste fehlen fast gänzlich. Hier wohnen nur noch Alte, die nicht mehr weg können oder wollen. Früher war der Ort voller Leben. Ein Urlauberort am Meer, wie so viele. Ich war nachmittags am Strand, man darf wohl wieder ins Wasser. Ich habe mich aber nicht getraut, es gab kaum jemanden, der baden ging. Die Angst ist noch immer da, man könnte krank werden. Von offizieller Seite ist es unbedenklich, aber kann man das glauben?

III

Habe heute Vormittag mit dem alten Fitje gesprochen. Er kannte meine Eltern noch, sie kauften Fisch bei ihm, wenn sie am Meer waren. Er ist nun schon weit über achtzig, ein Mann mit interessanten Erlebnissen. „Die Menschen sind nun einsam, selbst dort, wo es viele sind.", sagte er.

Heute hat es geregnet. Ich stand eine ganze Weile vor der Tür und habe die Tropfen auf der Haut gespürt. Es war einfach schön, ohne Müssen etwas zu dürfen. Am Nachmittag habe ich gelesen. Es gibt hier noch richtige Bücher. Ein seltsames Gefühl, so ganz ohne Bildschirm. Es sind ein paar Gedichtbände in der Bibliothek. Wie sich doch die Gefühle der Menschen gleichen, obwohl ganze Generationen dazwischen liegen. Der Mensch bleibt offenbar immer, wer er war, egal wie viel Zeit vergeht.

Fitje hat mir einen Fisch mitgegeben. Sein Sohn hat einen Teich im Garten, züchtet dort. Ein gewöhnlicher Karpfen, er sieht mich mit toten Augen an. Ist ein Vorwurf in diesem Blick?

IV

Ich habe nachgedacht: Die Menschen glauben an eine Macht, von der sie gefangen sind, der sie sich unterwerfen: das Geld. Sie geben alle Lebensbereiche seiner Regentschaft preis, selbst die, in denen nur Menschlichkeit gelten sollte.

Am Nachmittag kam Sturm auf. Das Meer wurde lebendig, Schaumkronen stürzten in Täler, wilde Strudel bäumten sich auf. Dunkel drohten die Wolken. Die Natur ist unbezähmbar durch den Men schen, er glaubt es nur nicht.

Ich habe den Karpfen gebraten und gegessen. Wir essen tote Tiere, ohne daran zu denken, dass es Leben ist, was wir verbrauchen. Aus Eigennutz töten, wir tun es tausendfach, schon immer. Und wir halten Tiere unter unwürdigen Bedingungen, ohne Mitgefühl. Werden wir irgendwann besser? Können wir es überhaupt?

V

Das Meer bäumt sich mit immer gleichem Rauschen auf. Immer gleich? Nein, nicht immer. Feine Unterschiede sind der Brandung beigegeben, abhängig von Windrichtung, Tageszeit und Strömung. Das Meer ist zu jeder Zeit etwas Besonderes und Einmaliges.

Ich habe einen Widerspruch entdeckt: Wenn wir von Fortschritt sprechen, meinen wir technische Weiterentwicklungen oder Modeerscheinungen, wir Menschen selbst entwickeln uns nur langsam und zögerlich und auch dann nicht immer zum Besseren. Je mehr Technik dem Menschen hilft, Zeit zu sparen, umso weniger hat er davon. Wir stehen zu ihr in sklavenhaften Abhängigkeit.

VI

Heute kam ein Brief. Nun ist Manjos Vater doch gestorben. Er war lange krank, nun hat er es überstanden. Wir alle werden zum Tode hin geboren, wir leben nur nicht danach.

Ich bin ziemlich verstört ans Meer gegangen und habe lange zum Horizont gesehen. Vereinzelt fuhren Schiffe nach Westen. Die verheißende Himmelsrichtung, die doch oft enttäuschte.

Ist Geschichte wirklich die Summe der Irrtümer, auf die sich Historiker einigen? Die unwählbaren Geldmächtigen bleiben meist im Dunkel.

VII

Nun bin nun ich seit einer Woche hier. Sonne und Regen wechseln einander ab. Das Meer rauscht, ich führe kurze Gespräche. Fitje hat mir noch einen Fisch gegeben. Seine Augen funkelten listig dabei. „Lass ihn dir schmecken.“

Nein, das Meer rauscht nicht immer gleich. Es ist manchmal wie das gezähmte Tier, wild und stets unberechenbar. Es rief nach mir, noch spät war ich unruhig und fiel dann in einen traumlosen Schlaf. Den ganzen Vormittag hat es wieder geregnet, große, blasige Tropfen.

Fitjes Sohn hat mir angeboten, mit ihm hinaus zu fahren. Ich denke, dass ich das Angebot annehmen werde. Er will bis zu dem Eiland, draußen vor dem Weststrand. Ich war noch nie dort, vielleicht ein Ort für neue Gedanken? Übermorgen gegen sieben soll ich am Hafen sein.

VIII

Ich konnte schlecht schlafen und bin vor Sonnenaufgang ans Meer gegangen. Die Brandung ist das Atemholen der See. Aus dem Dunkel, zu dem der Himmel und das Wasser verschmolzen, kristallisierte sich ein neuer Tag. Wie seit Urzeiten steigt die

Zeit aus dem Meer, um Gestalt anzunehmen, den Menschen sich erproben zu lassen. Ich bin lange allein am Strand gegangen, immer weiter, was habe ich gesucht?

Am späten Vormittag erst war ich zurück.

Können wir das, was Menschen tun oder unterlassen, in der Rückschau überhaupt objektiv betrachten? Ist Geschichte verstehbar?

Am späten Nachmittag war ich im Dorf. Morgen soll ganz früh die Bootstour mit Fitjes Sohn losgehen.

IX

Es ist fast Mitternacht und ich will noch kurz meine Eindrücke aufschreiben. Das Meer, der Himmel und das Boot waren alles, was es noch gab da draußen. Der Mensch kommt aus dem Meer, er ist ein Teil des großen Rätsels Weltschöpfung und doch glaubt er, Antworten zu haben. Nach drei Stunden Fahrt sind wir auf der Insel angekommen. Für mich war es eine Flucht vor den Fragen, die mich beschäftigen, aber auch hier waren keine Antworten zu finden. Eine unberührte Schönheit ist dieses Eiland, und hätte es etwas zu bieten, dann wäre es längst eingenommen worden. So muss die Natur gewesen sein, bevor der Mensch sie „nutzbar" machte. Wir haben viele Kadaver gesehen, es gibt auf dem Eiland keine wilden Tiere. Es wird lange dauern, bis Gras über unsere Sünden wächst. Die Untertanmachung der Erde war zügellos.

Auf der Rückfahrt sprachen wir kaum. Die Sonne tauchte ins Meer, golden, rot und abgründig, als

wäre es das letzte Mal. Die Ursprünglichkeit des
Seins, hier in der Einsamkeit des Meeres gibt es sie.
Wie lange noch?

X

Habe im Dorf mit der alten Fischersfrau gesprochen. Sie erzählte mir von ihrer Großmutter, von
der Zeit im Krieg und danach. Immer gibt es offenbar ein „Nie wieder", aber die Worte liegen in der
Sonne und werden mit vergehender Zeit blasser.
Die Menschen vergessen schnell. Und dann begin-
nen sie erneut, sich um Religion, Besitz oder Ras-
se zu streiten, versuchen auf brutalste Weise ihre
Ansichten durchzusetzen. Wir glauben, uns über
Unseresgleichen erheben zu können, wir sind stets
gescheitert daran. Hat Gott seine Schöpfung schon
aufgegeben?
Am Abend war ich wieder am Strand. Ich denke an
die Fischersfrau. Fitje hat mir gesagt, dass ihr Mann
auf See umkam, in einem Sturm, weit draußen. Seither wartet die Alte jeden Abend auf die Rückkehr
ihres Mannes. Er wird nicht kommen, nie mehr
und doch wartet die Alte darauf. Wir warten auf
den Frieden, der in die Herzen einzieht, weltweit.
Der alle in die eine Menschheit verstößt, die lebens-
wertes Leben im Einklang mit der Natur ermög-
licht. Warten auch wir vergebens?

XI

Ich bin heute in den Wäldern gewandert. In Strand-
nähe stehen Windflüchter. Mir ist aufgefallen, dass
der Begriff falsch ist. Sie flüchten nicht, sie halten

stand. Aller Stürme zum Trotz, sie halten aus an ihrem Platz. Nur wenige Menschen sind ihnen gleich. Unter den Leuten wird gemunkelt, dass man wieder Fische im Meer aussetzen und Vögel auswildern will. Vielleicht gelingt es ja, etwas zu retten. Unsere Existenz hängt an vielen Fäden, einige sind unheilbar gerissen.

Wann beginnt Dekadenz? Der Respekt voreinander, vor der Kreatur, vor der Natur mit all ihren Erscheinungen, ist verlorengegangen. Das „Ich" hat gewonnen, jeglicher Moral zum Trotz. Aber es gibt noch Spuren von ihm, vielleicht ist er keimfähig.

Am Abend gab es ein Gewitter. Urgewalten zogen über den Himmel, sie machen uns klein und zeigen uns unseren Platz im Weltganzen. Ich bin danach noch mal zum Strand, es ist eine Neuwerdung des Seins, klare Luft, klare Gedanken und kein Staub der Vergangenheit auf der Haut. Die Nacht kam dann sanft, die Sterne leuchteten in seltener Pracht am Firmament. Erst sie zeigen uns, wie verletzbar wir sind und wie unwichtig unser Tun im Grunde ist. Wir dürfen unseren Blick durchaus zu den Sternen richten, wenn wir den Staub der Straßen nicht aus den Augen verlieren. Eine Sternschnuppe glühte auf und so wie die Menschen zur Welt kommen und wieder vergehen, hinterließ sie eine kurze, helle Spur, und weiter nichts.

XII

Heute habe ich sogar etwas geschrieben. Ein Gedicht, es hat mich schon seit einiger Zeit beschäftigt.

Wo

Wo bleibt dein Aufschrei
Mitmensch
Im Angesicht dessen
Was du
Siehst
Hörst
Weißt
Im Angesicht dessen
Was sie uns
Einzureden versuchen
Täglich
Stündlich
Immer
Wo bleibt unser Aufschrei?

Kann es sein, dass wir von allem zu viel haben und doch nie genug bekommen? Unsere Gier ist unstillbar. Was aber brauchen wir Menschen wirklich?

XIII

Wieder schlecht geschlafen in der Nacht. Ich bin ganz früh, es war noch stockfinster, zum Meer gegangen. Ich habe mich auf den Baumstamm gesetzt, der gestern angespült wurde und den Sonnenaufgang abgewartet. Rot und orange hat der Himmel gebrannt. Für ganz kurze Zeit habe ich mich am menschenleeren Strand frei gefühlt, so frei wie lange nicht. Die meiste Zeit unseres Lebens sind wir unfrei, eingesponnen in ein Netz aus tausend Fäden, die uns mit der Welt verbinden.

Im Nachbarhaus ist ein Professor eingezogen. Er hat etwas, woran es oft mangelt, er hat Stil. Seine Umgangsformen sind vollendet. Er würde selbst unter widrigsten Umständen Haltung bewahren, eine Eigenschaft, die verloren zu gehen droht. Der Professor erzählte, dass er seinen Lebensabend am Meer zu verbringen gedenkt. Genauso sagte er es. Fitje ist nun auch krank geworden. Heute Vormittag kam der Notarzt. Man hat den Alten weggebracht, ich glaube nicht, dass ich ihn wiedersehen werde. Sein Sohn fuhr mit, wahrscheinlich bleibt er für lange weg. Fitje war sicher auch zu oft im Wasser, wie alle, die krank wurden.

XIV

Ich habe kaum jemanden getroffen, als ich heute meinen letzten Spaziergang unternahm. Außer dem Professor. Seiner Meinung nach sind die Folgen noch nicht überstanden, wir werden noch lange damit zu tun haben. Er scheint ein ehrlicher Mensch zu sein.
Wer bringt eigentlich uns alle am meisten voran? Der Wissenschaftler, der scheinbar unergründbare Geheimnisse lüftet? Der Künstler, der beeindruckende Werke der Musik, Literatur, Dichtung oder Malerei schafft, die noch nach hunderten Jahren die Menschen fesseln? Oder sind es die Handwerker und Arbeiter, die unsere Welt ganz praktisch gestalten? Ich habe mehr Fragen als Antworten.
Meine Ferien gehen morgen zu Ende, ich reise ab. Ob ich wiederkommen werde?

Helga Thomas

Ich möchte schreiben
wie das Wasser fließt
stetig unaufhaltsam
alle Tiefen füllend
überwindend alle Hindernisse

Fröhlich hüpfend
manchmal
langsam trödelnd
gelassen
in sich ruhend

Mäandernd hin und her
wellend auf und ab
immer die eigene Mitte suchend
Tropfen bildend
in frostiger Kälte
als diamantne Sterne leuchten

Ich möchte schreiben
wie das Wasser fliesst
sanft und wieder mit sich reißend
lösend klärend
alles mit allem verbindend

Meine Worte
sollen sprudeln wie ein Quellgebiet
Brunnen bilden
Flüsse
Seen
die jedes Licht
vervielfacht spiegeln
Meere
die zu anderen Welten führen

Doch noch mehr
möchte ich
dass Quell und
Fluss und Strom
See und Meer
in meinem Wort
zur Heimat werden
wo Nixen leben können
damit sie so
zu Menschen kommen
die noch nichts
von ihnen wissen

Ich suche Worte
für die
denen die Worte fehlen
die nichts mehr
zu sagen haben
die alles vergaßen ...

Im Suchen
und Ringen um das Wort
beginnt das große Tauen
und der Wortbrunnen fließt
für mich und die andern

Manchmal wird erlöst
– in mir?
In den andern? –
was erstarrt
gefroren
verwunschen

Meiner Mutter

Vielleicht war nicht wichtig
was ich dir erzählte
abends
von den Sorgen und Freuden des
Tages
morgens
von den Gedanken und Träumen
der
Nacht
Vielleicht

Vielleicht war auch nicht wichtig
was du mir erzähltest
von deinen Sorgen
um die fernen Eltern
und die kranke Freundin
und was du morgen kochen solltest
von den letzten Resten
denn das Geld war knapp

Vielleicht war alles nicht wichtig
aber aus unseren Worten
bauten nachts
unsere Engel die Brücke
auf der andere
nicht sagbare Worte
hin und her huschten
wie streunende Hunde
wildernde Katzen

die Worte
von unerfülltem Sehnen
und unendlicher Liebe
und nachts
kurz nach dem Traum
kamen die Toten zu unserer Brücke
trafen die Worte
wie Katzen und Hunde
und heimkehrend
brachten sie
die Botschaft der Toten
ihren Rat
ihre Hilfe

Vielleicht war nicht wichtig
was wir uns sagten
doch unsere Worte
bauten die Brücke
die immer noch ist

Manchmal
sitzt eine Taube dort
macht kurze Rast
auf ihrem langen Flug

Für wen ist wohl ihre
Botschaft bestimmt?

Der Ton
den du am Tage überhörst
sucht in der Nacht dein Ohr
als klingender Tropfen
fällt er in deinen Traum
formt sich dort zum Laut
und wächst
mit der Schnelle des Schla-
fes
zu Blüte
Blatt oder Baum

Erwacht
erinnerst du kaum
das Wort
das gerade geboren

Schweigen
manchmal die einzige Art
Antwort zu geben

Schweigen
weil es die Worte nicht gibt
die Worte für Unsagbares

Schweigend
warten
dass die Frage wortlos sich formt
in dir
und dir der begegnet
der die Frage dir stellt
deine eigene Frage
als seine

Vielleicht
werden dann
Worte geboren
Worte für Unsagbares

Josephine Dürschke- Lipinski

Kinder erinnern
was Eltern vergaßen

Kinder spüren
die Kälte
den Schmerz
die Eltern den Weg versperren
zum Leben

Kinder gehen den Weg
den die Eltern begannen
auch wenn das Ziel
im Unbekannten verschwand

Kinder wohnen
im Schatten der Angst
und schweigen
denn keiner lehrte sie
die Worte für Unsagbares

Tautropfen
glitzernd am Morgen
auf Blumen und Gras
welches Lied
schlummert in dir
wartend
dass unser Herz es hörend erweckt
das Lied
von Wasser
Nacht und Licht

Tropfen
wie Tränen
am kahlen Geäst
im Morgengrauen
zuweilen glitzernd
wie winzige Blütenknospen
vielleicht sich wandelnd
zu schimmernden Perlen
wenn im Nachtfrost
scheues Mondlicht
sie küsst

Entdecke in dir
den Quell göttlicher Freude
entdecke ihn wieder in den
kleinen Dingen des Alltags

Auch im Tautropfen
spiegelt sich funkelnd
das Sonnenaufgangslicht

Willi Volka

Herbstlich

Wenn das Auge
nicht mehr so scharf
geblendet von sinkender Sonne
die Farben flüchtig
schwebende Gedanken
vom wirbelnden Fall der Blätter
eingefärbt
im Wind sinkender Tage
verblassende Moderrosenblüten
im Abendrot
verfolgt von Sonnenwende
finde zu dir
in Dunkeltagen …

Sie kommen doch ...

Bin mir
keiner Schuld bewusst
sag ich doch
wenn ich das doch sage
schuldlos am Kriegsgeschiss.

Halte mich da raus
sollen sich die
Köpfe einschlagen
so lange es nicht
vor meiner Tür.

Na klar
sag ich doch
sollen bleiben
sie sollen kämpfen
und kommen doch.

Schlage zu meine Tür
wie sie drängeln ...

Kauft euch zu

Designer spülen Konsumwellen
von Kontinent
zu Kontinent.

Blasierte Blicke
booten Seiten
Sirenentöne den Schwimmenden.

Weich schmiegt Viskose
makellos sich
über fleischarme Haut.

Im Glanzglittermeer
schwächeln
kauft euch zu …

Wurzelsein

Von Zeit zu Zeit
leben
in einem anderen Land
lernen
in seiner Sprache
geboren
eingebürgert
eingeboren
verwurzelt sein
wie lange braucht es
ein Land zu verstehen?

Zahllose Krisen
werfen Schatten über uns.
Lichtlos mitten drin.

Kondensstreifenbild
den Strichhimmel milchig färbt.
Planetenschicksal

Horizontlinie
wellig im Wind gespannt
Möwen klammern dran.

Zeitfrage

Gut zu wissen
in Gleisen fest
gespurte Ferne
entgleisen ausgeschlossen.

Alles fest gefügt
bis Füße
die Bahnschwellen erobern
das Willkommen suchen.

Asche

Besuche den Augenarzt
und du bekommst eine Brille ver-
passt
du wirst Terror sehen.

Und glaubst nun
sicher zu sein
mein Haus wird nie brennen.

Der Wind trägt Funken
aus der Rauchwolke
strömen Menschen.

Wer auf Raketen setzt verliert
mit Asche ist
kein Staat zu machen …

Altes Testament
(Psalm 35)

David ruft Gott
beruft ihn zum Krieg
Recht zu verschaffen
gegen Widersacher
die grundlos Feinde sind ...

Davids Deal
wenn er sagt:
Will Dich
und Deine Gerechtigkeit
preisen!

Du lieber Gott
suchst du Blutopfer
für seine Jauchzer
statt Frieden?

Willst Du
David nicht zur Ordnung
rufen?

Georg Walz

ohne worte

die stunden
haben gewalt über mich

wogegen die minuten
locker an mir vorüber streichen

alltag

jeden morgen
lächelt das spiegelbild mich verlegen an
bevor die schärfe der klinge
über den hals gleitet

zähne mit mikroperlen
auf weiß poliert
der geruch der nacht
folgt den feinen wassertropfen

erst danach
geht der körper im alltag unter

ohne titel

tränendes auge

im blick
die gesichter im wind

im rechten verhälltnis
konkurriert milchiger dunst

mit dem zaghaften lächeln
im visionären tal

dem unbekannten ort
wo die lotusblüte shushi

küsst, die sekunden an der weißen wand
kleben, werfen lange schatten gegen mich

morgenkühle

es ist die zeit
die den kuckuck aus der uhr wirft
nicht milch und honig
die über den frühstückstisch laufen
die kombination
male und female ist unerheblich
wenn sich die noch müden blicke
hinter bedrucktem zeitungspapier verschanzen

commissario veneziano

stadt der lagune
bekannte melodie
umspielt die verbrechen der donna leon

der commissario ermittelt
zwischen den kanälen
in palästen und engen gassen

ruhe spiegelt sich
in den augen von electra
der sekretärin des vicequestore

schritte der sanftmütigen bärengestalt
des treuen begleiters vianello
hallen von den pflastersteinen in prunkvolle
fenster

wogegen alvise
das schwache licht im polizeiapparat
eher hinderlich über die vielen brücken
steigt

über all dem
schmückt sich patta
mit den erfolgen von commissario brunetti

bunte träume

meine träume
gebe ich
bunten luftballons
mit auf die reise

wenn der wind
günstig steht
schweben sie
zu dir

Eintrag löschen?

Erzählung

Das grelle Licht des Displays spiegelt sich im Dämmerlicht in seinen Augen. Feingliederige Finger einer knöchernen Hand umklammern das schwarze Handy, so als müssten sie einen Rettungsring festhalten.

Sein Rücken versteift sich. Kerzengerade ragt der schmale Oberkörper aus dem Lederpolster nach oben heraus.

Zwei dunkle Augen starren auf die rubinrot funkelnde Flüssigkeit im Glas, das er in seiner linken Hand hält. Unmerklich beginnt er mit einer kreisenden Bewegung, die den Wein in eine schicksalhaft schwenkende Bewegung versetzt. Er möchte ausbrechen, wird aber von den hohen Glaswänden in seiner kreisförmigen Umlaufbahn gehalten.

Die Falten auf seiner Stirn und die Kälte seiner Augen machen deutlich, dass es ihm Ernst ist. Zärtlich streicht sein Daumen über das Displayglas, das sein Ich und das Foto trennt.

Mit Bedacht führt er die Hand, die das Weinglas hält zum Mund. Die wohltemperierte Flüssigkeit benetzt seine Lippen. Der Wein ist gehaltvoll und verbreitet ein fruchtig würziges Beerenaroma auf seiner Zunge. Seine Geschmacknerven registrieren die Güte des Weines und sein Gehirn antwortet mit einem angenehm wohligen Gefühl.

Erneut wendet er sich dem Foto zu, das auf dem Farbdisplay seines Handys wie eingesperrt wirkt.

Einige wenige Tastendrücke bis hin zum unumkehrbaren Ende, dann stellt ihm die, in der Software, künstlich eingepflanzte Intelligenz der handlichen elektronischen Maschine die unweigerliche Frage.

„Eintrag löschen"?

Ohne lange darüber nachzugrübeln fixieren seine Augen den Antwortbuchstaben. Sein Finger macht sich auf den Weg und verharrt einen Augenblick lang in der Schwerelosigkeit über der Taste. Dann schickt das Gehirn den Befehl an den Muskel.
Mit OK bestätigen!
Deutlich ist das Klicken der Taste zu hören - Klick!
Wie von Zauberhand verschwindet das Foto vom Display und wird gegen ein leuchtendes Nichts getauscht.

Er lässt seinen Körper in die Weichheit des Sessels zurück sinken.
Ob er die Taste zum Löschen auch bei sich findet?

Renate Weidauer

Unmerklich ...

... hockt gelbfleckig
im Birkengrün

... lacht rot
zwischen Preiselbeeren am Hang

... schwebt im Morgennebel
über dem moorigen See

... nistet unter den Flügeln
der sich sammelnden Vögel

... versteckt sich unter
dem Samthut der Pilze

... blitzt in Frühlicht und Abendsonne
mit fliegenden Spinnenfäden

... begleitet flüsternd
den Schauerregen

... schleicht sich ein
im kühleren Wind
und ist plötzlich
nicht mehr nur
unmerklich
ist da:
  der Herbst.

Begegnung mit dem Damals

Nicht gesucht –
gefunden,
die Wurzeln,
Kinderzeit,
Schulzeit:
Begegnung mit dem Damals.

Die Straßennamen,
auf dem Schulweg -
vergessen geglaubt -
tauchen wieder auf
aus grauer Erinnerung,
werden farbig:
„Hundekehle"
„Hasensprung"
„Roseneck" –
voller Bedeutung.
„Das war doch dort, wo ..."
Bilder erscheinen.
Trächtig die Zeit,
gebiert Altes neu.

Ich bin angekommen,
dort, wo ich
damals zu Hause war, -
unerfahren,
unreif,
jung.
Älter jetzt –
nach vielen Häutungen;
immer noch auf dem Weg,
noch immer nicht fertig;
dennoch: zu Hause
in mir selbst.

1945: Flucht
und immer wieder irgendwo so oder ähnlich

Nicht nur das Familiensilber -
vergraben,
bald zugedeckt
vom kalten Schnee,
verloren -
auch das alte Buch
voller Lieder,
die bunten Bonbons
bei der Krämerin,
die streichelnd-tröstenden Hände
der alten Kinderfrau.
Zurück gelassen,
alles,
wie die geliebte Flickenpuppe
auf der Flucht nach Westen,
nur im geschundenen Herzen
mitgenommen
in fremdes Land,
das Zuhause werden soll,
sagen die anderen
dem Kind.
Aus Erinnern wächst,
von leisen Tränen getränkt,
ungewollt Wissen.
Brüchig die Welt,
unbehaust,
unvertraut.
Das Kind erfährt:
 kein fester Boden
unter den Füßen:
nur dunkle Spuren
im Schnee.

Weißes Einhorn

Im Schattenwurf unter den Bäumen
weißes Einhorn
in Ruhe
atmet die Stille
sonnentrunken.
Schwellender Sprung
in die Weite
im Trab
über die Brücke des Regenbogens
dunkle Stufen
auf den Bahnen des Lichts.

Augenweiß
in der Mitte
schwarze Pupille
dazwischen
farbige Iris
traumerfüllt
gesättigt von Schlaf.

Fluchten hinauf
zum gläsernen Schloß
in dem sich
die Träume sammeln.

Hochgereckt das Horn
zum Himmel
verharrt das weiße Einhorn
auf der Zugbrücke
wartend.

Sternenhell tropft es
aus seinen Nüstern
in das Gewölbe
des nachtdunklen Wassers.

Toter Märchenwald

Weißes Einhorn
Abschied ohne Wiederkehr
heimatlos
zerschellt
das gläserne Traumschloss.
Tränen – versandet
Träume – erloschen
Gold – verschwunden
vergebliches Warten
auf magische Sprüche
raunender Stimmen
der Hexen und Zauberer.

Noch immer

Noch immer
atmen die Wände
Dich,
noch immer stehst du
nahe bei mir
spüre ich dich,
schläfst du neben mir
und zupfst nachts
an meiner Decke.
Unser Miteinander
        so viele Jahre
endet nicht plötzlich
mit deinem Tod.

In alten Koffern
hocken Reste,
in Fotoalben
dein Lächeln,
festgehalten;
noch lasse ich
deine Zahnbürste
stehen in deinem Becher.

Was da
bei mir ist,
ich weiß es nicht,
aber es ist mir
noch immer vertraut,
macht mir keine Angst,
begleitet mich
wie Liebessignale
und zeigt mir - auch,
wenn du gehen musstest,
unsere Verbundenheit –
noch immer.

Lauras Geburtstag

Endlich durchschnitt die Wintersonne die Dunkelheit wie ein gezücktes Messer und stand über der Schönheit des Meeres.

Widerwillig registrierte sie dieses erwachende rötliche Licht. Heute war der 15. Februar, Lauras Geburtstag, ihr 12. Deshalb, nur deshalb, war Christine hier oben auf die Klippe gekommen und erlebte diesen Sonnenaufgang, der ihr wie Hohn erschien. Wäre er doch vor einem Jahr ebenso gewesen, da aber hatte sich die Sonne hinter grau treibenden Wolken verborgen, der Winterwind trieb die Wellen schäumend und schmatzend gegen den Fuß der Klippen - jetzt wehte ihr nur die Kühle unangenehm ins Gesicht und ließ sie zitternd frösteln. Die Kälte kam nicht nur von außen, sie saß tief in ihrem Inneren. Lauras 11. Geburtstag: kein strahlender Sonnenaufgang, aber Laura selbst strahlte, denn ihr Herzenswunsch war ihr erfüllt worden: ein eigenes kleines Boot, ein Segelboot. Natürlich hatte der Vater sich durchgesetzt gegen sie, die Mutter. Jens war voller Verständnis für diesen drängenden Wunsch. Laura, eine Wasserratte wie er, der in Küstennähe geboren mit dem Meer und Booten aufgewachsen war. Gelacht hatten Vater und Tochter über sie, die „Landratte".

„Oh, Christinchen, das ist doch kein Sturm, nur eine steife Brise, gerade gut zum Segeln." lachten die beiden über sie, als sie nicht wollte, dass sie gleich das neue Boot, den kleinen „Optimist" mit einer Jungfernfahrt einweihten.

„Bitte, Mama, nur eine kleine Runde, ich möchte dabei auch den neuen Fotoapparat von Omi und Opa ausprobieren," bettelte Laura, „es ist doch mein Geburtstag."

„Lass ihr doch die Freude, ich bin ja dabei, du weißt, Segeln kann ich, das ist meine Leidenschaft."

„Ja, aber bei den starken Wellen wird euch vielleicht schlecht, dann habt doch ihr nichts davon, und Angst hab ich auch um euch," versuchte Christine nochmals, die beiden umzustimmen. „Es kommen bestimmt bald bessere, ruhigere Tage zum Segeln."

„Lass uns doch heute diesen kleinen Ausflug machen, Laura freut sich so auf ihr neues Boot, wir bleiben in Landnähe, und es ist schon bald Mittag."

„Ja, bitte, bitte Mami!" fiel Laura bettelnd ein.

„Sei kein Angsthase," meinte Jens, „bleib einfach da, wenn dir das lieber ist, für drei Leute ist das Boot sowieso ziemlich eng. Wir zwei segeln nicht sehr lange, aber lass uns diese Brise zu einem kurzen Törn nutzen."

So überredet, hatte Christine schließlich nachgegeben, und die beiden waren voller Erwartung los gesegelt. Sie hatte währenddessen alles liebevoll für einen schönen Geburtstagskaffeetisch gerichtet, denn mit einer Rückkehr zum Mittagessen nicht gerechnet, da die beiden beim Start gerufen hatten: „Ahoi, bis zum Kaffetrinken!" Im Februar wurde es ja auch zeitig dunkel.

Aber um 4 Uhr waren sie noch nicht zurück, es dämmerte, um 5 Uhr wurde es dunkel und Christine begann sich zu sorgen, zumal nach ihrem Gefühl der Wind stärker geworden war und im Dunkel das Rauschen der Wellen lauter tönte. Angst erfasste sie, in den nächsten zehn Minuten umklammerte sie diese Angst so vollständig, dass sie sich nicht mehr zu helfen wusste und die Küstenwache anrief. Dort nahm man ihren Anruf ernst, sehr ernst, es war kein Seenotfall gemeldet, und das verstärkte trotz allen hoffnungsvollen Zuredens ihre Verzweiflung. Diese wuchs von Stunde zu Stunde.

Die Suche war zwar sofort aufgenommen worden, brachte aber kein Ergebnis. Die nächtlichen Stunden dehnten sich, die Brise wuchs sich zum Sturm mit heftigem Regen aus, kein Hafen meldete ein eingetroffenes kleines Segelboot. Auch der nächste Tag, der Wind flaute ab und der Regen ließ nach, brachte keinen Hoffnungsschimmer. Die Suche wurde fortgesetzt – ohne jedes Ergebnis. Als habe es das Boot mit den beiden Menschen nicht gegeben. Christine sah ihre Lieben nie wieder.

Hier am Fuß der Klippen wurden nach einigen Tagen hölzerne Wrackteile, die von einem neuen Boot zu stammen schienen und nur kurz im Meer gelegen hatten und zu einem "Optimist" gehören konnten, angeschwemmnt. Weitere Spuren gab es nicht. Warum nur hatte das Bootsmodell ausgerechnet „Optimist" geheißen, bohrte es später oft in Christines Gedanken.

Jetzt steht sie oben auf der Klippe im Licht der aufgehenden Sonne und schleudert einen Blumenstrauß von der Höhe in die Gischt der schäumenden, gurgelnden Wellen am Fuße der Klippen. Es ist der 15.

Februar, Lauras 12. Geburtstag. Sie wendet ihren Blick von diesem grauen, grausamen Meer ab, als wolle sie nicht sehen, wie die Wogen die Blüten hin und her werfen und wendet sich, in die Strahlen der aufgehenden Sonne getaucht, dem Land zu, Herz und Augen verschlossen vor der Schönheit dieses Sonnenaufganges. Sie will das Meer nicht sehen, nie wieder! In ihr bleibt es dunkel. Die äußere Schönheit des Sonnenaufganges findet keinen Widerhall in ihrem Inneren.

Nie wieder wird sie hierher zurückkehren. Ein Jahr war es jetzt her, dass diese Schönheit des Meeres für sie zu ihrer eigenen rot-feurigen Hölle geworden ist.

Marcella Zulla

Der Vater stirbt
Roman-Fragment

Prolog
Als sich die Zellen in Angelo N.'s Körper auf unnatürliche Weise zu teilen begannen, machte Alessandro N., sein ältester Sohn, gerade den Führerschein. Als Angelo N. Krebs diagnostiziert wurde, fuhr Alessandro mit überhöhter Geschwindigkeit gegen einen Baum. Der Baum steht heute immer noch. Ein Erinnerungsort mit Foto und Kreuz konnte dort jedoch unter keinen Umständen angebracht werden – zumindest nicht, solange Angelo N. noch lebte.

Barbara
Die Hand, die den silbernen Löffel hielt, hatte viele braune Flecken, die Haut war zerknittert. Angelo N.'s Hand war alt geworden. Angelo N. würde sterben. Er blickte durch das Fensterglas auf die belebte Fußgängerzone. Der Wind trieb den pulverigen Schnee vor sich her. Er saß in einem Café und rührte in der Tasse Kakao herum, die er sich bestellt hatte, um die Zeit totzuschlagen. Um sich auch ja nicht zu verspäten, war er nämlich deutlich vor der ausgemachten Zeit gekommen. Schließlich konnte man ja nie wissen.
Fünfzig Jahre waren vergangen, seit er dieses Land zum ersten Mal gesehen hatte. Fünfzig Jahre waren vergangen, seit er Barbara kennengelernt hatte. An-

gelo N. blickte in die leicht spiegelnde Scheibe und betrachtete sein Gesicht. Ob sie ihn überhaupt noch erkennen würde? Beim Anblick seiner gealterten Haut und seiner ergrauten Haare schämte er sich. Doch es war ein unsinniges Schämen – so wie sich ein Jugendlicher seiner ersten Bartstoppeln schämt oder ein Dunkelhäutiger seiner Hautfarbe. Angelo N. seufzte und schüttelte über sich selbst den Kopf. Natürlich war er alt geworden. Fünfzig Jahre sind ein Menschenleben. Viele werden ja noch nicht einmal so alt! Als seine Tochter Angelina Barbaras Namen aus dem Telefonbuch heraussuchte und durchwählte, hatte er schon damit gerechnet, dass ein Kind oder ein Enkelkind abheben würde mit der Nachricht, Barbara sei bereits verstorben. Doch sie lebte – in der Waldstraße 24 im Nachbarort. Womöglich würde er sie nicht wiedererkennen. Angelo N. überlegte, worauf man wohl achtete, wenn man einen Menschen nach fünfzig Jahren wiedersah. Auf das, was sich verändert hatte oder auf das was unverändert geblieben war? Konnte nach fünfzig Jahren überhaupt etwas unverändert geblieben sein? Wie absurd, jemanden nach so langer Zeit wiederzusehen. Dieses Treffen schien Angelo N. übernatürlich und das Café, in dem es stattfinden sollte, beinahe zu profan. Doch andererseits schien ihm ein romantischerer Treffunkt wie am Fluss oder im Park lächerlich – immerhin hatten sie sich vor langer Zeit gegen ein gemeinsames Leben entschieden. Davon abgesehen war Angelo N., wenn auch dem Tode geweiht, immer noch ein verheirateter Mann. Eine Tatsache, die er wohl vorübergehend vergessen hatte. Was sollte jetzt also Heuchelei? Sie würden sich einfach hier in diesem Café treffen, so als könnte es genauso gut ein interessanter Zufall sein. Ja, damit fühlte sich Angelo N. wohl.

Für den Bruchteil einer Sekunde fühlte er sich wie ein Vampir, ein Untoter, ein in irgendeiner Form Unsterblicher, obwohl er sehr genau wusste, dass er das nicht war. Angelo N. war krank. Angelo N. würde sterben. Nachdem er sich lange selbst in der Fensterscheibe gemustert hatte, blickte er jetzt wieder durch sie hindurch. Der Schnee hatte sich hie und da zu kleinen Dünen angehäuft. Andernorts lag das Kopfsteinpflaster fast frei. Angelo N. fragte sich, welcher wohl der einfachste Weg durch den Schnee war, ginge er jetzt die Straße entlang. Wie müsste er gehen, um durch möglichst wenige Schneeanhäufungen zu laufen und über möglichst viele freiliegende Stellen? Er legte die übergroße Hand, für die ihn seine Enkelkinder auslachten, an die Scheibe, so als wolle er durch sie hindurchgleiten. Die Hand war nicht nur voller brauner Flecken und zerknittert, sondern auch voller Schwielen von der jahrelangen, harten Arbeit, die ihm am Ende das Leben kosten würde. Warum hatte er Barbara noch gleich nicht heiraten wollen? Der Grund für seine Entscheidung war so lächerlich, dass er ihm erst nach mehreren Denkanläufen überhaupt wieder einfiel. Angelo N. blickte erneut aus dem Fenster, um sein Spiel, nach dem einfachsten Weg zu suchen, weiterzuspielen. Doch jetzt war überall Schnee. Es schrillte an der Tür des Cafés.

Sant'Abbandono

Dass Antonio N., ein Enkel Angelo N.'s, Sant'Abbandono in diesem Zustand vorfand, muss wohl eine Laune des Schicksals gewesen sein, denn zehn lange Jahre, in denen er keine Gelegenheit gefunden hatte, Italien zu bereisen, war es unverändert geblieben – so wie er es aus der Kindheit in Erinnerung behalten hatte. Doch kurz vor seiner langersehnten Wiederkehr wurde es vom Erdbeben des Jahrhunderts heimgesucht. Sant'Abbandono war lange seine Heimat gewesen, obwohl er nie dort gelebt hatte. Nur einmal im Jahr hatte er das Dorf im Süden Italiens gesehen, wenn er mit Vater Enzo, der Mutter und zwei Schwestern dorthin in Urlaub gefahren war. Erst seitdem ein Klassenkamerad fragte, warum Sant'Abbandono seine Heimat sei, wo er doch in Deutschland geboren und aufgewachsen war – wo doch sogar sein Vater schon in Deutschland geboren und aufgewachsen war –, wo er doch noch nicht einmal die Sprache richtig beherrschte, keimten Zweifel in ihm auf. Antonio N. hatte seither nie wieder in der Klasse von Sant'Abbandono erzählt. Vielleicht sind seitdem auch die Besuche in Sant'Abbandono seltener geworden.

Als Angelo N. das Dorf verließ, war er gerade zwanzig Jahre alt gewesen. Das muss 1956 gewesen sein. Er erzählte immer gern, wie schwierig es war, Deutsch zu lernen und mit der Kälte zurechtzukommen. Wie es ihm aber tatsächlich ergangen ist, gab er nie preis, zumindest nicht vor seinen Enkelkindern. "Stell doch nicht so dumme Fragen! Das ist fünfzig Jahre her, du warst noch nicht geboren", antwortete er, als Antonio N.'s Schwester wissen wollte, was sein erstes deutsches Wort gewesen war. "Fräulein", sagte er dann und Antonio N. war nicht sicher, ob er dabei in sich hineinlachte oder seufzte. Nur einmal, vor Jahren, hatte Antonio N. das Gefühl, dass sich sein Großvater ihm öffnete. Er hatte ihm das Bild einer blonden Frau gezeigt. "Barbara... ich war über ein Jahr mit ihr zusammen", erzählte er. Das schwarz-weiße Foto hatte er aus der untersten Schublade einer verstaubten Kommode im Keller, hinter zwei versperrten Türen, herausgekramt. Nachdem er es Antonio N. gezeigt hatte, vergrub er es noch tiefer als zuvor. Viel hatte sich seither verändert: Ein Onkel Antonio N.s hatte geheiratet und zwei Kinder bekommen, ein anderer war bei einem Autounfall ums Leben gekommen, seine übrigen Cousinen und Cousins waren gewachsen, sodass N. sie kaum mehr erkannte – sie wiederum erkannten ihn überhaupt nicht -, Tante Francesca färbte sich offenbar die Haare, der Ansatz war grau, und der Großvater war tot. Ein befremdlicher Gedanke keimte in Antonio N. auf: Ob Barbara wohl noch lebte? Schnell verwarf er diesen Gedanken. Was würden die N.s denken? Und überhaupt: Was könnte sie schon erzählen? Was würde er sie fragen?

Als Angelo N.'s Mutter starb, war dieser gerade sieben Jahre alt gewesen. Immer wenn seine Eltern anfingen zu streiten, sperrte er sich im Bad ein und lugte durch das Schlüsselloch. Zwischen Bad und Wohnzimmer gab es einen kleinen Korridor, der so klein war dass man ihn eigentlich kaum so nennen konnte. Er ging in eine steile, unförmige Betontreppe über, die nach draußen in einen Hof führte. Der Tod Angelo N.'s Mutter muss ein Unfall gewesen sein, denn seine Eltern hatten sich unzählige Male gestritten, ohne dass die Mutter daran gestorben war. Die Betontreppe war von dem Beben verschont geblieben. Antonio N. blieb davor stehen. Dass seine Urgroßmutter nicht versehentlich die Treppe hinabgestürzt war, wusste niemand außer Angelo N. Und wenn Angelo N. gestorben war, würde es niemand mehr wissen. Ist etwas, dass niemand mehr weiß, überhaupt jemals geschehen?

Antonio N. setzte sich vor die Treppe, weil er fürchtete, sie könnte in sich zusammenfallen. Und wenn diese Treppe einstürzte, dann würde niemand mehr erkennen, dass hier einmal jemand gelebt hatte. Seine "Reise in die Heimat" hatte sich Antonio N. ganz anders vorgestellt. Er rauchte, es fiel ihm nichts besseres ein. Bei seinem letzten Besuch in Sant'Abbandono hatte ihn jeder gegrüßt und als einen von den N.s erkannt. Heute erbrachen sich Türrahmen vor Schutt vor ihm und verlassene Treppen, die nirgendwohin führten, versuchten ihn zu täuschen. War das überhaupt das Haus der N.s? Angelo N.s Treppe? Wie konnte er eigentlich so sicher sein? Wo war das gusseiserne Tor, das den Eingang zum Innenhof bildete? Wo war der Zitronenbaum? Das sonst so lebendige Dorf war menschenleer. Oder zumindest hatte Antonio N. es als lebendig in Erinnerung. Erinnerungsoptimismus? Möglich. Er fragte sich im Stillen, warum niemand in den Trümmern nach den eigenen Wertsachen suchte, vor allem um diese Tageszeit, wo es nicht mehr allzu heiß und noch nicht dunkel war. Es war so still, dass Antonio N. begann, eine Melodie zu pfeifen. Statt die Stille zu brechen, schien das Gepfeife diese aber noch zu unterstreichen. Plötzlich war Antonio N., als wäre er nicht allein. Er sah und hörte nichts außer der Stille des zerstörten Dorfes. Dabei war er selbst nicht sicher, ob ihn die Begegnung mit einem Menschen gefreut oder geängstigt hätte. Unschlüssig, ob er gehen oder bleiben sollte, saß er vor jener Treppe, die der einzige intakt gebliebene Teil des Hauses war, das einmal hier gestanden haben musste, und horchte in die herankriechende Nacht hinein.

Antonio musste wohl eingenickt sein, denn als er die Augen aufschlug, fand er sich von Dunkelheit umfangen. Die Anstrengung der langen Autofahrt, während der er kaum eine Pause gemacht hatte, holte ihn ein. Plötzlich vernahm er ein Geräusch; Stein auf Stein, ein Seufzen. Es war ganz deutlich und bestimmt keine Einbildung. Antonio stand auf und spähte angestrengt in die Leere, erkannte jedoch nichts. Es hatte keinen Sinn – er musste auf sein Gehör vertrauen und vorsichtig einen Fuß vor den anderen setzen, um sich nicht zu stoßen oder über irgendeinen Brocken zu fallen. Er hatte erwartet, dass die betreffende Person, die scheinbar in den Trümmern nach etwas suchte, innehalten und fragen würde, wer da sei. Doch der Mensch suchte unbeirrt weiter und ignorierte Antonio N., der vorsichtig immer näher kam. Als er schließlich glaubte, nahe genug für ein Gespräch gekommen zu sein

und dennoch genügend Distanz für eine eventuelle Flucht seinerseits gelassen zu haben, sagte er: "Hallo?", wobei er sich zum ersten Mal wunderte, wie sein Gegenüber ohne irgendeine Lichtquelle überhaupt nach etwas suchen konnte. Das Geräusch von Metall auf Stein, das er beim Näherkommen ausgemacht hatte – vermutlich handelte es sich um das Graben mit einer Schaufel, die ständig an irgendwelche größeren Brocken stieß – hörte plötzlich auf. Für den Bruchteil einer Sekunde war es still. Doch dann fuhr der Mann – war es überhaupt ein Mann? - unbeirrt in seinem Suchen fort. "Hallo?", sprach N. erneut in die Dunkelheit hinein. Stille, dann ein krächzendes Seufzen. "Was ist denn?", fragte eine alte Stimme verärgert. Offenbar störte N. bei etwas von großer Wichtigkeit. Angesichts dieser Wichtigkeit schien N. sein eigenes Anliegen bedeutungslos. Antonio N. tat, ohne genau zu wissen warum, so, als sei er sich nicht sicher, ob dies Sant'Abbandono sei. Die Stimme, von der N. nicht mit Sicherheit sagen konnte, ob es sich um eine männliche oder weibliche handelte, bejahte kurz angebunden um mit dem Graben und Schürfen fortzufahren. "Wonach suchen Sie denn? Kann ich Ihnen vielleicht behilflich sein?", ohne diesmal das Graben zu unterbrechen, glaubte N. gehört zu haben, wie die Stimme verneinte. "Wissen Sie, mein Vater kommt aus Sant'Abbandono", sagte N. aus einer letzten Hoffnung heraus, die Aufmerksamkeit der fremden Person zu erregen. Und tatsächlich unterbrach diese ihr Suchen daraufhin erneut. "Ach ja? Wie heißt denn dein Vater?"
"Alessandro N.", entgegnete Antonio. Die unbe-

kannte Person, von der aufgrund der Dunkelheit noch nicht einmal Umrisse erkennbar waren, dachte offenbar kurz über den Namen "Alessandro N." nach.

"Nie gehört", sagte sie schließlich zu Antonios Enttäuschung. Bevor die Person ihre Suche jedoch fortsetzen konnte, versuchte er die Unterhaltung weiterzuführen, da er glaubte, eine Spur von Interesse bei seinem geheimnisvollen Gegenüber geweckt zu haben.

"Kennen Sie dann vielleicht meinen Großvater Angelo N.?"

"Nein, nie gehört", sagte die Stimme jetzt schneller, offenbar ohne auch nur darüber nachzudenken. Womöglich hatte die Person aber auch vorhin nicht über den Namen "Alessandro N." nachgedacht und einfach gehofft, Antonio möge endlich verschwinden. Kannte sie Alessandro und Angelo N. wirklich nicht oder wollte sie einfach nicht reden?

"Sie kennen Angelo N. nicht? Sagt Ihnen denn der Name N. gar nichts? Die N.s sind in Sant'Abbandono alteingesessen!", sagte Antonio und konnte nicht glauben, dass er das soeben wirklich gesagt hatte. Er kam sich lächerlich verzweifelt vor. Diesmal schien die Person Antonio gänzlich zu ignorieren, noch vehementer als zuvor, was dessen Aussage noch lächerlicher wirken ließ.

"Sind Sie denn überhaupt aus Sant'Abbandono, wenn Sie nicht einmal den Namen 'N.' kennen?", sagte Antonio in einem letzten, verzweifelten Versuch und hätte seine Frage am liebsten rückgängig gemacht, noch während er sie stellte. Plötzlich herrschte wieder Stille, das Graben und Schürfen hatte aufgehört. "Jetzt hör mal zu, Jungchen – ich kenne weder deinen Vater, noch deinen Großvater und habe auch nie den Namen deiner Familie gehört. Aber wenn es stimmt, was du sagst, und du wirklich aus Sant'Abbandono kommst – was ich bei deinem Akzent eher bezweifeln will – dann hast du sicher etwas hier im Dorf, das dir oder deiner Familie gehört. Nimm meine Schaufel und grab!", sagte die Person und war offenbar näher gekommen, um Antonio ihre Schaufel in die Hand zu drücken.

"Ich wollte Sie wirklich nicht bei Ihrer Suche stören. Bitte, behalten Sie Ihre Schaufel und suchen weiter, was immer Sie finden wollten", entgegnete Antonio, plötzlich beschämt.

"Nein, nein. Es hat doch keinen Sinn...".

„Warum nicht?", fragte Antonio unbeholfen.

„Ich suche schon zu lange", entgegnete die fremde Person, plötzlich scheinbar zu einem Gespräch bereit. „Aber du, du hast noch Zeit. Vielleicht findest ja was."

„Haben Sie denn wirklich gar nichts gefunden, seit Sie mit Ihrer Suche begonnen haben?", fragte Antonio vorsichtig, nicht sicher, wie lange der Anflug von Höflichkeit seines Gegenübers wohl andauern würde.

„Nein. Und weißt du auch warum? Sobald ich mit meiner Suche begonnen habe, stört mich irgendjemand. So wie du jetzt gerade", kam es irgendwo aus der Dunkelheit. Antonio schlug die Augen nieder, obwohl es ohnehin nie Blickkontakt zwischen ihm und dem Fremden gegeben hatte.

„Natürlich habe ich hin und wieder irgendwelchen Kram gefunden. Aber nichts davon gehörte einmal mir. Und nichts davon war wertvoll genug, es mitzunehmen. Wer weiß? Vielleicht war es einst im Besitz der Familie N.", sagte die Person und Antonio war, als erahne er eine Silhouette, die sich von ihm wegdrehte wie jemand, der lachen musste und sich schwer tat, sein Lachen zu verbergen. Er war aber nicht sicher.

Mit einer Hand

Um mich zu überwältigen, brauchte es scheinbar nur eine Hand. Verblüfft spürte ich die Kälte der Nacht an meinen nackten Oberschenkeln. Er wolle mich jetzt nicht anbetteln, er habe solange darauf gewartet. Ob ich ihn denn nicht mehr liebe? Natürlich liebte ich ihn. Wenn er nur wüsste.
Ich wolle es doch auch. Die Floskel so abgegriffen, dass ich trotz allem schmunzeln musste. Es war November und wir lagen im feuchten, halb verfaulten Laub. Wie war ich nur dort hin geraten? Seine Hand war schneller als mein Verstand, ich hielt sie fest, um zumindest eine Chance haben, sie einzuholen. Was geschieht hier gerade?

Gaby G. Blattl

Dichten

Begegnung von Schweigen und Sprache
tiefe innere Stimme
die tiefe Signatur des Seins finden
Wahrnehmen den Klang
unseres Geistes

Mysterium der Stille
Einsamkeit
Eintreten in die zeitliche Dimension
der Ewigkeit

Seele verklärt
und erlöst alles
göttlicher Raum

Erinnerung, du Freundin
der Einsamkeit

Überwinden
die innere Distanz
Erreichen des Göttlichen
Ewiger Ort in uns

hinter sich lassen
das reich der schatten
das
des lichtes betreten
schüchtern und bebend
den brunnen erreichen
darin das wasser gurgelt
wasser
das helle,
in das sich
das licht ergießt
wasser ist leben
vorsichtig nur schlürfen
den mund frisch machen

die stille achten
langsam gleiten
gabelweihen
höher und höher
über die glühende luft

am wegrand
in den spalten
der kleinen mauer
rosen
in die blätter
fällt leise
das licht

die stille achten …

dumpf
die trommeln
beben im äther
rühren uralten staub auf
dunstgebilden gleich
geister
die schärfere konturen be-
gehren
verschleiert im dampf
stolzieren ahnungen einher
beladen von zeichen
es sind rammböcke
sacht zustoßend
dann wuchtiger
mauern brechen
erde kreißt
gegenwart wird zur kerbe
in die es gilt
hineinzuschlagen

Ein Gott tanzt die Schöpfung

Schlafend liegt Musik
in regungslosem Rhythmus;
tief wie die Wasser
schwarz wie die Dunkelheit,
schwerelos wie die Luft.
Leben in die Welt.
Alles zittert vor Verlangen
zu existieren.
Das Universum
bricht ins Sein hervor,
und ein Gott tanzt.

Die Säulen der Musik
werden geboren,
durch ihre Schwingungen
das Universum
ins Leben gerufen.
Melodien stützen die Harmonie
alles Lebenden.
Leben muss neues Leben schaffen,
sonst wird es zum Tod.
(Musik aber ist unsterblich.)

Im Dunkel

dunkelheit
in augen
und hände dringend
aus haaren aufsteigend
beängstigend
die zitternde lichtzunge
der lampe
beruhigt…
ein fahles blau
flammend
an den seiten
im kern
unsere ureigene
phantasie
abbilder
spiegeln sich

In die Ferne sehen
am Fenster
ganz weit
Freiheit fühlen
hinausträumen
tränenschwer
die Flügel der Träume
vergangener Zeiten
am Rande stehen
einsam
in die Ferne sehen
am Fenster …

Irgendwann

Eines Morgens,
irgendeines Morgens
würde sich alles
ineinander fügen.
Zukunft, Vergangenheit,
das ganze Leben.

Alle Magie,
ein Gewebe von Symbolen,
Vorahnungen und Omen,
Stück für Stück
würde sich die Vorsehung
offenbaren.

Alles, absolut alles
würde einfach und klar
vor uns liegen –
eines Morgens,
irgendeines Morgens.

Gerard J. Dürschke, Architekt und Dichter, *geboren 1937 in Hindenburg/Oberschlesien, Studium an der TU Krakau - Architektur und Städtebau, Mag. Dipl.-Ing.1966, Wissenschaftl. Lehrtätigkeit, wissenschaftl. Arbeiten und Vorträge. Freischaffender Architekt in Düsseldorf, Autor architektonischer Bauwerke. Preise und Auszeichnungen in 40 Wettbewerben. Publikationen in Fachzeitschriften der Baukultur in Deutschland, Polen und Japan. Schreibt Lyrik, zwei Gedichtbände „Wanderungen unter Bäumen", „Monologe über die Zeit" - Musikalisches Poem „Requiem für einen Freund"- CD Musik Akademie Krakau - Illustrationen zu Gedichten von Josephine Dürschke-Lipinski.*
Veröffentlichungen in Zeitschriften, Anthologien, zuletzt in „Es ist ein Augenblick",2013, edition Musagetes Wien, „Kunst(t)räume-Kunstwelten",2014, edition Musagetes Wien.

Eckhard Erxleben, *geboren am 12.03.1944 in Stendal (Altmark), aufgewachsen auf dem Bauernhof seiner Vorfahren in Schorstedt/ Bismark; Deutschlehrer, Diplompädagoge; Lesungen, Werkstätten, Ausrichter von Literaturwettbewerben, Kommunikationsunterricht; aktiver Tischtennisspieler; betreibt naturnahen Waldbau in seinem Forst rund um den Schorstedter Silberberg.*

Klaus Kayser, *Dr. rer. nat., Dr. med., Dr. h. c. mult. geb. 1940, lebt in Heidelberg. Professor für Pathologie und Epidemiologie an der Universität Heidelberg und an der Universität Berlin, Campus Charite. Studium der Physik und Medizin an den Universitäten Göttingen und Heidelberg, Zahlreiche wissenschaftliche Veröffentlichungen und mehrere Fachbücher auf dem Gebiet der Telekommunikation, Medizin und Pathologie, u. a. Natural and Synthetic Mineral Fibers Affecting Man, BI Wissenschaftsverlag, Mannheim, 1994; Medizin und Umwelt, Brockhaus, Mannheim., 1996; Telepathology, Springer, Heidelberg, 1999; Virtual Microscopy, VSV, Berlin, 2006; Wissen was stimmt: Krebs, Herder Verlag, Baden-Baden. 2013. Literarisches: Zeitgedanken und Spiegeldenken (mit G. Stauch), Rendevous, Baden-Baden; 2000;*

*Der Tod eines Körperspenders, Lehmanns Media, Berlin; Reindor[
Literaturpreis 2013; Die wunderlichen Erzählungen des Jupp Kie[
penlad, Wagner Verlag, Gelnhausen 2014; Erlebtes Erleben, Ei[
Gedichtsporträt, Wagner Verlag, Gelnhausen, 2014*

Johanna Klara Kuppe, *geboren in Wuppertal, jetzt nahe Stutt-
gart lebend, schreibt (wieder) seit 17 Jahren - mit dem Wunsch,
dass ihre Gedichte Klangräume öffnen und Lyrik dadurch sinnlich
erfahrbar wird. Seit 2005 tritt sie mit eigenen Texten auf, gestal-
tet literarische Themenprogramme. 2011 gründete sie die Gruppe
„HandvollReim", mit der sie in Zusammenarbeit mit Musikern
und Tänzern oder mit Christian Andreas Kuppe - Literaturpro-
jekte durchführt. Veröffentlichungen im Glarean-Online-Maga-
zin, verschiedenen Lyrik/ Literatur-Zeitschriften (z.B. Kaskaden,
Silbende_Kunst, aktuell) und Anthologien.
2014 "...werden worte wünschelruten" (Edition Der Noeck) und
2015 „zeit spannen" (silbende_kunst, jenny feuerstein, koeln)
„wieder: worte" (Edition Der Noeck)*

Eva Meloun, *lebt und arbeit in Wien. Seit frühester Jugend beschäftigt mit bildender Kunst, seit 1973 freischaffende Künstlerin
Mitglied verschiedener Kunstvereine. Hauptthemen: abstrakte
Bildinhalte und Landschaften in Mischtechnik und Öl, Materi-
albilder, Objekte, Portraits, Projektarbeiten, Radierungen. und
Texte. Arbeiten befinden sich in öffentlichen und privaten Samm-
lungen im In- und Ausland; Auftragsarbeiten: Cover für Bücher,
Kalender, etc. Unterricht an Sommerakademien in Deutschland
und Österreich.Einzel und Gruppenausstellungen in Österreich,
Lagos, Portugal, Schweden, Japan, USA; zahlreiche Einzelaus-
stellungen und Ausstellungsbeteiligungen seit 1977. 7 Bücher i[
Zusammenarbeit mit Isolde Lachmann (Texte, Gedichte und Hai-
ku), Bildgestaltung und Texte in „Es war **ein Augenblick**" edition
Musagetes, Wien; Bildgestaltung „die nacht, in der..." editio[
Musagetes, Wien; zuletzt erschienen: „Rosamunde" ein Buch fü[
Kinder im Verlag der Provinz, 2015.*

Cordula Scheel, *geboren 1935 geboren in Mecklenburg, lebt und arbeitet in Hamburg. Jura in Tübingen, Madrid und Paris, erstes Staatsexamen in Hamburg. Ausbildung zur Dolmetscherin für Spanisch und Französisch. Fünf eigene Gedichtbände: „Denn ich wage das Wort" (1995), „Öffnung" (1997) herausgegeben bei Peter Coryllis, „Gezeichnet" (2001), „Wegsteine" (2006), „Am Rande der Lichtung" (2011) erschienen im Geest Verlag, Vechta. Veröffentlichungen in Zeitschriften und Anthologien, zuletzt in der Privatedition Der Brunnen, Wien: „Daheim Unterwegs Unterwegs Daheim (2012). Preisträgerin des Mons Aegrotorum, Padua, Trägerin der Rudolf-Descher-Feder der IGdA.*
Mitglied der HAV, Hamburger Autorenvereinigung, Ehrenmitglied der IGdA, Internationale Interessengemeinschaft deutschsprachiger Autoren und des Italienischen Kulturinstituts, Hamburg, Bereich Literatur

Matthias Stark, *geboren 1963 in Radeberg, wohnt in Stolpen. Systemspezialist für Telekommunikationsanlagen; schreibt Lyrik und Prosa. Mitglied der „Deutschen Haikugesellschaft", im „Erwin-Strittmatter-Verein"; veröffentlichte bisher Lyrik und Prosa in zahlreichen Anthologien sowie die Bücher „Vollmondnacht", „Sommerwind und Kranichruf", „Sonnenkinder und Traumgestalten" sowie den Gedichtband „Nicht nur Gegensätze". www. stark-stolpen.de*

Helga Thomas, *geb. 1943 in Berlin. Abitur in Bremen. 1963-1969 Studium der Slavistik, Germanistik, Nordistik in Göttingen, Sofia, Bulgarien, Saarbrücken, verschiedene Studienaufenthalte im damaligen Jugoslavien und Prag. 1966-1967 Studium in Sofia Beginn intensiver Beschäftigung mit CG Jung und Rudolf Steiner. 1969 Doktorexamen und bis 1971 wissenschaftliche Assistentin in Saarbrücken. 1976 Diplom v. C.G. Jung-Institut Zürich, seitdem Praxis in Lörrach. Schreibt seit dem 12.Lebensjahr. seit 2000 Veröffentlichung mehrerer Bücher, auch in Bulgarien, Lyrik zweisprachig Literaturpreise: 2008 Hans-Joachim-Rheindorf-Preis vom*

BDSÄ (Bundesverband Deutscher Schriftstellerärzte);
2012 „Rudolf-Descher-Feder" der IGdA.

Willi Volka, *geboren 1941 in Karlsruhe; Studium der Geographie, Abschluss Diplom und Promotion 1971, bis 2006 Wiss. Referent im Sekretariat der Akademie für Raumforschung und Landesplanung in Hannover. Literarische Arbeiten veröffentlicht seit 1981; aktuelle Veröffentlichungen 2009/10 Mitgliedschaften: Langenhagener Fotoamateure, EA - Tagebuch- und Erinnerungsarchiv Berline.V. und Mitglied des Wissenschatlichen Beirats. Preise: Erster Preis Seniorenwettbewerb Völklingen, 2002; Dritter Preis im Band Literareon Lyrik-Bibliothek, Bd. II, Herbert Utz-Verlag, 2004; Zweiter Preis im Kempener Literaturwettbewerb 2007. 2015 Preis der Versöhnung des CEPAL Intern. Literaturwettbewerb für seinen Text ‚Zahngold'.*

Georg Walz, *Lyrik, Prosa, Essay und Rezension, Fach- und Sachbuch, Grafik und Zeichnung.*
Bücher und Veröffentlichungen in Fach- und Literaturzeitschriften. www.georgwalz.de

Renate Weidauer, *geboren in Dresden, lebt und arbeitet in Puchheim/München; schreibt seit ihrer Schulzeit. Abitur, Studium „Vollgermanistik" (Deutsch, Geschichte, Erdkunde), beide Staatsexamen), unterrichtete an Gymnasien, sowie ein Jahr in Schweden, dort auch Erwachsene; über 20 Jahre Lehrerin beim Zweiten Bildungsweg, Nach langer Schreibpause wieder mit Schreiben befasst. Ihre Veröffentlichungen – außer in Anthologien und Zeitschriften: Zwei Lyrikbände und ein Band Erzählungen im IDEA Verlag: 1999 „Lyrisches Kaleidoskop", 2000 „Zwischen Staub und weißem Marmor – Indien heute, Prosaband: „Breit gefächert" mit eigenen Illustrationen. Mitglied in verschiedenen literarischen Gesellschaften, Autoren- und Schreibgruppen. 10 Jahre lang ehrenamtliche Beauftragte für Seniorenliteratur in Puchheim.*

Marcella Zulla, geb. 1990 in Regensburg, Studium der Ethnologie, Politikwissenschaft, Kriminologie und Gewaltforschung in Tübingen und Regensburg, Herausgeberin der Anthologien „Von der Zeit" und „Von Grenzen" im Wendepunkt Verlag. Schwerpunkt schriftstellerischer Tätigkeit: Kurz- und Kürzestgeschichten.

Gaby G. Blattl, geboren 1944 in Wien, wo sie lebt und arbeitet. Lyrik und Kurzprosa. 5 eigene Titel, 2 CD-Aufnahmen, zahlreiche Beiträge in Zeitschriften und Anthologien. Übersetzungen in diverse Sprachen. Zahlreiche Vertonungen durch Norbert Herzog. Lesungen in St. Petersburg, Deutschland und Österreich.
1997 - 2012 Veranstaltung von musikalisch-literarischen Abenden und Kammerkonzerten
Seit 2004 Leitung der Kulturgemeinschaft DER KREIS, seit 2014 des Kunstvereins ‚art pro und contra'
2007 Gründung der edition Musagetes.
2008 Geschäftsstelle und Redaktion der Interessengemeinschaft deutschsprachiger Autoren.

Inhalt